四川外国语大学后期资助项目
"后疫情时代教育电视的创新发展研究——基于教育传播学的视角"
（项目号sisu202230）结题成果

人工智能时代
教育电视
创新发展研究

—— 邬建中 著 ——

中国社会科学出版社

图书在版编目(CIP)数据

人工智能时代教育电视创新发展研究/邬建中著. —北京：中国社会科学出版社，2024.1
ISBN 978-7-5227-2955-8

Ⅰ.①人… Ⅱ.①邬… Ⅲ.①电视教育—发展—研究—中国 Ⅳ.①G728.8

中国国家版本馆 CIP 数据核字(2024)第 018389 号

出 版 人	赵剑英
责任编辑	张　玥
责任校对	李　锦
责任印制	戴　宽

出　　版	中国社会科学出版社
社　　址	北京鼓楼西大街甲 158 号
邮　　编	100720
网　　址	http://www.csspw.cn
发 行 部	010-84083685
门 市 部	010-84029450
经　　销	新华书店及其他书店
印　　刷	北京君升印刷有限公司
装　　订	廊坊市广阳区广增装订厂
版　　次	2024 年 1 月第 1 版
印　　次	2024 年 1 月第 1 次印刷
开　　本	710×1000　1/16
印　　张	12.75
插　　页	2
字　　数	161 千字
定　　价	76.00 元

凡购买中国社会科学出版社图书，如有质量问题请与本社营销中心联系调换
电话：010-84083683
版权所有　侵权必究

目　　录

第一章　绪论 …………………………………………………（1）
　　第一节　研究背景与研究意义 …………………………（1）
　　第二节　研究目的与研究问题 …………………………（3）
　　第三节　概念界定 ………………………………………（4）
　　第四节　研究现状 ………………………………………（9）
　　第五节　研究设计 ………………………………………（31）

第二章　教育传播学视域下的教育电视概述 ………………（36）
　　第一节　人工智能时代教育电视概述 …………………（36）
　　第二节　人工智能时代的教育电视创新发展 …………（41）
　　第三节　人工智能时代电视创新发展的理论模型 ………（53）

第三章　教育电视的发展历程 ………………………………（59）
　　第一节　国外教育电视的发展历程 ……………………（59）
　　第二节　中国教育电视台概况 …………………………（70）
　　第三节　中国教育电视的发展历程 ……………………（83）

第四章　人工智能时代教育电视的现状调研 ………………（96）
　　第一节　教育电视使用研究设计 ………………………（98）

第二节　教育电视使用数据统计与分析 …………………（99）

第五章　人工智能时代中国教育电视面临的问题 …………（110）
第一节　教学者 ………………………………………（110）
第二节　教学对象 ……………………………………（113）
第三节　教学内容 ……………………………………（116）
第四节　教学媒体 ……………………………………（118）
第五节　教学效果 ……………………………………（123）

第六章　人工智能时代中国教育电视创新发展路径 ………（127）
第一节　教学者 ………………………………………（127）
第二节　教学对象 ……………………………………（132）
第三节　教学内容 ……………………………………（138）
第四节　教学媒体 ……………………………………（147）
第五节　教学效果 ……………………………………（152）

参考文献 ………………………………………………（160）

附录 ……………………………………………………（197）

第一章 绪论

第一节 研究背景与研究意义

一 研究背景

教育电视是我国现代教育技术体系的重要组成部分，也是教育传播学的重要研究对象。中共中央、国务院印发的《中国教育现代化 2035》指出，要利用现代技术加快推动人才培养模式改革，实现规模化教育与个性化培养的有机结合，技术作为推动教育发展的重要考量因素。教育电视是一种专业的大众传播媒体，发挥着传播知识的重要作用。而人工智能带来的变革已深入渗透到社会的各个领域，《人工智能白皮书（2022 年）》从人工智能政策、技术应用与治理方面进行了深入分析。人工智能已成为科技创新的关键词和数字经济时代的重要支柱。我国十四五纲要明确指出将人工智能作为行业发展重点，深度赋能传统行业领域。人工智能（AI）技术带来了新一轮的科技革命，习近平总书记在中共中央政治局第九次集体学习中指出："人工智能是新一轮科技革命的重要驱动力量，加快发展新一代人工智能是事关我国能否抓住新一轮科技革命的战略问题。"① 而教育电视作为促进科技革命的重要组成部分，如何利用人工智能带来的机会实现教育电视的创新发展，既是一个重大的理论课题，也是一个重要的实践课题。

随着人工智能技术带来的新一轮科技革命，教育电视作为促进科技革命的重要组成部分，其基于新技术的创新发展对我国教育发展具有重要意义。在人工智能时代，教育电视面临新技术带来的机会与挑战，如何利用人工智能带来的机会实现教育电视的成功转型发展，这是关系教育电视未来的关键问题，也是新时代背景下我国教育传播学研究的重要课题。

本书的研究目的是在人工智能技术不断发展的背景下，调研人工智能时代的教育环境发生了哪些变化，为适应教育环境的变化，教育电视发生了哪些改变，其现状如何，如何转型，这些转型实践又为教育传播学的相关理论进行了哪些印证和补充；为教育传播学中的信息源、教学内容、教学媒体、教学对象等传统要素在新技术下的发展提供了哪些想象空间和理论可能。在此背景下，教育电视如何面对新的机会与挑战，如何适应不断发展的教育环境，在教育传播学的相关理论指导下，如何实现其成功的转型，这是关系教育电视未来的关键问题，也是我国教育传播学研究的重要问题。

二 研究意义

本书的理论意义在于：人工智能技术给传统的教育传播学理论带来了哪些冲击和想象空间，这些教育传播学理论的进化又会

---

① 《习近平在中共中央政治局第九次集体学习时强调　加强领导做好规划明确任务夯实基础　推动我国新一代人工智能健康发展》，《党建》2018 年第 11 期。

如何影响我国教育电视的转型，而教育电视的转型实践最后又会给传统的教育传播学理论带来哪些启发性思考。特别是在我国国情下，教育电视作为国家主导下的主流媒体和教育机构有其自身的特点，对其进行研究既是充实教育传播学理论的需要，也是新时代教育传播学本土化的需要。

本书的实践意义在于：人工智能时代的教育电视发生了深远的变化，紧随环境变化进行创新发展是教育电视的必然选择。本书首先为国家提供了人工智能时代教育电视创新发展的调研资料及相关决策参考，有利于国家教育信息化2.0行动计划和教育现代化2035的顺利实施。其次为全国教育电视台等相关行业提供了产业资料及发展策略。最后对促进教育电视的教学者、教学对象顺应教育生态与教育传播技术的变革、适应新的教学环境起到参考作用。

第二节 研究目的与研究问题

一 研究目的

人工智能时代给教育电视带来了哪些机遇和挑战，现状如何？为什么要转型？如何转型？这些转型实践又为教育传播学的相关理论进行了哪些印证和补充，为教育传播学的信息源、教学内容、教学媒体、教学对象等教育传播学中布雷多克的传统"7W"要素在新技术下的发展提供了哪些想象空间和理论可能。

二 研究问题

具体研究问题如下：在人工智能时代，教育电视的内涵和外延是什么？教育传播技术变革为其带来了哪些机遇与挑战？如何从教育传播学中的布雷多克 7W 要素，即教师或信息源、教学内容、教学媒体、教学对象、教学效果、教学目的和教学环境入手，发挥教育电视自身的独特优势，避免与手机、电脑等死拼移动化、小型化、私密化，为教育电视创新发展探索一条符合我国国情的发展路径。

第三节　概念界定

一　人工智能时代

人工智能（Artificial Intelligence，简称 AI）可从"人工"与"智能"两个方面来看，"人工"指的是依靠人们创造某种东西，"智能"包含思维、概念、意识等多种方面，因此人工智能研究涉及多个学科，包括人类学、计算机科学、语言学、神经科学等，概念界定较为复杂，也存在多种解释。目前学界将人工智能分为两类，一是强人工智能，二是弱人工智能。强人工智能的优势在于具备思维意识，但由于研究难度较大，目前关于强人工智能的研究还没有明显的进展。人工智能这一概念在 1956 年 DARTMOUTH 学会上首次提出，至今不断渗透到各个领域。人工智能主要指模拟实现人类思维的技术，将人类的思维、判断、推理等思维能力复制到机器上来，完成人类智力水平的任务。而人工智能时代指的是人工智能理论和技术不断成熟，应用领域逐渐扩大进入充满科技感的时代，可以改变人的生活方式和引发社会生产变革的时代。

二　教育传播学

教育传播学是由教育学和传播学这两门学科相互交叉发展而成立的一个边缘学科。南国农、李运林认为，教育传播是由教育者按照一定的目标要求，选定合适的信息内容，通过有效的媒体通道，把知识、技能、思想、观念等传送给特定的教育对象的一种活动，这种活动是教育者和受教育者之间的信息交流过程（南国农、李运林，1995）。教育传播学的定义应符合三个要素：一是教育传播学是综合运用传播学和教育学知识的理论，来讨论教育传播活动的过程和规律问题；二是要指出研究教育传播学是为了指导一线的教育实践活动；三是教育传播学的最终目的是为了达成效果最优化。综合以上三大要素，本书对教育传播学的定义沿用李华对教育传播的界定，即"教育传播学是综合运用传播学和教育学的理论和方法，去研究和揭示教育信息传播活动的过程和规律，以求得最优化的教育效果"[1]。

三　教育电视

教育电视的概念一直在学界存在争议，抗文生认为，教育电视是指通过将电视设备和电教教材运用到教学中，从而使学习者获得良好的学习效果的一个领域。杨晓宏、梁丽则认为，教育电视不仅具有教育的属性，还具有电视的属性；从应用领域来看教育电视，它可应用的领域相当广泛，如社会教育[2]。

---

[1] 李华：《教育传播理论研究的发展与教育传播学的创立》，《中国电化教育》1996年第3期。

[2] 参见杨晓宏、梁丽《近10年我国教育电视研究论文作者机构及地域统计分析研究》，《电化教育研究》2004年第7期。

在上述定义的基础上,我们认为,教育电视有两种定义,一种是狭义的教育电视,另一种是广义的教育电视。狭义的教育电视主要指由教育行政部门领导的各级教育电视台,包括其所实施的教育活动。广义的教育电视由隶属教育行政部门的各级教育电视台和隶属广电行政部门的各级电视台的教育或科教频道,包括其所实施的教育活动组成,前中国教育电视台总编辑胡正荣采用了广义的教育电视定义。因此,本书也采用广义的教育电视定义。

广义的教育电视以全媒体为技术手段,包括以下几种形态,第一种是各级传统的教育电视台和各级电视台教育频道,它们按传统电视节目表播出传统的教育节目内容。第二种是各级教育电视台的微博、微信公众号与APP客户端,融入了更强的互联网基因。第三种是各级教育电视或电视台控制下的机顶盒,机顶盒已越来越成为了一个融媒体平台,集成了各种教育电视系统内外的内容。第四种是互联网硬件厂商,如小米推出的智能电视。他们的教育内容更多元,但前提是要获得广电行政部门批准的牌照,值得注意的是,上述几种形态并不是绝对割裂的,在"教育+电视"时代,它们可凭借云技术,在手机、平板、电脑、电视甚至在物物联结为基础的AIOT智能物联网等多平台上,实现资源共享,多屏互通。

本书采用广义的教育电视定义更符合教育传播学及教育技术学的当前发展。何克抗在《教育技术学》一书前言中提出:"进入21世纪以来,教育技术学的理论与实践有了新的发展,混合式学习在各级各类学校的课堂教学和远程教育中所产生的持续而深远的影响等,都反映出国际教育技术界关于教育思想与教学观念的变化与发展。"[①] 教育传播技术的发展延伸了传统教育电视的边

---

① 何克抗、李文光:《教育技术学》,北京师范大学出版社2009年版,"前言"第1页。

界，形成了以"教育"为中心，其上、下游包括教育内容生产、集成、分发及教育数据挖掘与运用的教育传播新媒体技术，同时还包含其所实施的教育活动。

四 创新发展

1912年，经济学家熊彼德在《经济发展理论》一书中首次提出了创新理论，熊彼德认为，所谓创新就是要"建立一种新的生产函数"，即"生产要素的重新组合"，就是要把一种从来没有的关于生产要素和生产条件的"新组合"引入生产体系中，以实现生产要素或生产条件的"新组合"，为经济增长和发展提供动力。

1942年，熊彼德在《资本主义、社会主义与民主》一书中，又提出创新是一个"不断地破坏旧结构、不断地创造新结构"的过程，是一个"创造性破坏的过程"。20世纪60年代以后，随着世界范围内市场取向改革及技术变革的影响，创新问题开始被各国政府、科技界和经济学界所重视。此后，创新理论得到了进一步发展。克里斯托夫·弗里曼于1974年出版了《工业创新经济学》，1982年出版了《失业和技术创新》，克里斯托夫·弗里曼继承了熊彼特的理论，但更强调技术创新与国家政策之间的关系。提出了国家创新体系的概念，认为创新是一种国家行为。"国家创新体系是种种不同特色机构的集合，这些机构联合并分别推进新技术的发展和扩散、提供了政府形成和实施关于创新过程的政策框架。这是创造、储存和转移知识、技能及新技术产品的相互联系的机构所组成的系统。"[①]

教育电视的创新发展是一种国家行为，同时也跟具体实施的

---

① ［英］克里斯托夫·弗里曼：《技术政策与经济绩效：日本国家创新系统的经验》，张宇轩译，东南大学出版社2008年版。

部门紧密相关。因此，我们讨论的创新发展，应该从国家创新体系，从不同机构联合与分别推进创新发展和扩散入手，重点考察教育电视的定位、内容、平台、终端环节里创造、储存和转移知识、技能及新技术产品的相互关联。考察整个系统的相互影响与运转模式，同时也考察在媒介融合、大数据、人工智能等新技术影响下各种生产要素和生产条件的"新组合"对整个教育电视体系的影响，从而为教育电视的创新发展提供有益参考。

教育电视的创新发展建立在"转型"（transformation）的基础上，所谓"转型"指微生物之间转移遗传物质的过程，后被西方社会学家组合为"社会转型（social transformation）"一词，用来描述社会结构具有进化意义的转换和性变。本书所指的教育电视在转型基础上的创新发展，可以定义为相对教育电视而言，新的教育传播技术的加速引入，导致教育电视全面、整体的变革，涉及教育电视从信息源、教学内容、教学媒体、教学对象、教学效果、教学目的、教学环境等所有领域的转换和创新。教育电视的创新发展，既是教育信息化的必然要求和教育现代化发展的必然结果，也代表了教育电视这一主流传统教育技术媒体发展的方向。

五　布雷多克"7W"要素

1948 年，美国传播学家拉斯韦尔在《传播在人类社会中的结构与功能》一书中提出了一般传播过程中的（5W）直线传播模式（H. D. Lasswall, 1948），直到今天仍然是研究传播学各类理论的基础框架，以此理论为基础，教育活动传播过程也具有五大要素，包括教育者、教育信息、媒体通道、学习者和评估反馈。1958 年美国学者布雷多克在 5W 基础上发展出教学传播学中的 7W 模式，其中每个 W 都类同于教学过程中的一个相应要素：教育者、教学内容、教学媒体、教学对象、教学效果、教学目的、教学环境，被学界认为是研究教育传播学的经典要素。

第四节　研究现状

一　国内研究

（一）教育电视国内研究

根据本文主题，在CNKI以"教育传播学""教育电视""教育电视创新发展"为关键词进行检索，筛选除去报纸类文献共计3043篇。为呈现该类研究在此领域的研究趋势，笔者利用了当前国内较流行的可视化文献分析软件CiteSpace对所收集文献进行了可视化分析，以期为本书的研究提供参考资料。首先在该软件的首页界面将时间区间（Time Slicing）设置为1977—2022年（中国知网关于"教育传播学""教育电视""教育电视创新发展"检索文献的跨度时间），限定其时间分区（Years Sper Slice）为1年，即将这45年的文献按照每1年为一区间进行文献分析图谱展示；并选择关键词（keyword）作为图谱节点类型（Node Types），修剪切片网络方式（Pruning，优化结果）选择（pruning sliced networks）。CiteSpace软件共有7种可控制图谱节点取舍的数据提取标准（Selection Criteria），本书则将节点的数据提取标准设定为"TopN"（N=50），即把每一个时间段（Time Slicing）内呈现频次或被引用频次最高的50个节点数据作为可视化分析对象。在时间线图谱分析过程中，笔者发现了关于"广播电视""电视节目""社区教育""远程教育"综合性研究文献在各个时间区的研究集群，如"教育电视"，即关键词时间线图形成的第五个聚类，大约从 1983 年开始出现"教育电视"的相关研究文献。在伴随媒介技术发展的过程中，具有教育功能属性的电视媒介也在完成自身的转型发展，同时深化其在教育传播学背景下的功能。教育电视在媒介基础的支持下，逐步衍生出"卫星教育电视""数字电视""新媒体电视"等形态。为进一步明晰教育传播学背景下的教育电视研究的现状，笔者利用 CiteSpace 软件进行了关键词聚类分析，CiteSpace 的关键词聚类分析功能有助于明确一个研究领域的热点和发展趋势。根据 CiteSpace 对文献的关键词分析可得，当前研究聚焦于"远程教育""广播电视""电视教育""教育电视""电视节目"等。从关键词聚类图我们还可看出，在教育传播学背景下，不乏研究者结合时代的前沿性媒介技术对教育电视进行多维度的探讨，如涉及传播技术维度的"电视媒体"研究，关于教育电视传播内容的"教育电视节目"研究。教育电视之于教育传播学具有重要意义，其不仅是媒介技术发展的展现，也是媒介传播实践的渠道。从图谱的关键词聚类图及时间线图可知，教育电视创新发展与媒介传播技术协同发展，兼具传播技术与教育传播双向维度的教育电视，在新技术支持下的转型发展研究显得极具重要研究价值。

在对样本文献知识图谱分析的基础上，结合研究选题，本书对国内外研究现状进行了梳理分析。

1. 对教育传播学的研究

我国教育传播学的发展渊源一定程度上来自于电化教育，但我国电化教育的理论体系建立经历了漫长的探索。我国教育传播学的发源可回溯到 1979 年，林川、潘炯华、李运林受邀与香港中文大学余也鲁教授交流，这次交流让林川认为传播理念是电化教育的理论基础。1982 年余也鲁教授及导师传播学大师施拉姆（也有文献使用其中文名宣伟伯）在华南师范大学作了为期七天的"教育传播"学术报告，南国农、廖泰初、周君达等参加学术报告。由此学界认为教育传播学正式引入我国是在 1982 年（李克东，2012）。1989 年李运林的《传播理论》出版，该书也是"电化教育丛书"之一，学界认为其是我国最早的教育传播著作（徐福荫，2012），对当代的教育信息化建设仍然有实际指导作用（柯和平，2012）。1995 年南国农、李运林合著的《教育传播学》由高等教育出版社出版发行。

在厘清教育传播学的学术发展脉络与特点后，有学者认为教育传播是教育者按照一定的目的要求，选择合适的信息内容，通过有效的媒体通道，把知识、技能、思想、观念等传送给特定对象的一种活动（南国农、李运林，1995）。另有学者认为，教育传播学是心理学与教育学、传播学的交叉学科（奚晓霞、吴敬花，2018）。其中，关于教育传播模式的研究，美国学者拉斯韦尔在《传播在人类社会中的结构与功能》一书中提出了一般传播过程中的五个基本要素（5W）的直线传播模式（H. D. Lasswall，1948），布雷多克于 1858 年在此基础上将其发展成为教学传播学中的 7W 模式，其中每个 W 都类同于教学过程中的一个相应要素：教师、教学内容、教学媒体、教学对象、教学效果、教学目的、教学环境。此外，还有香农—韦弗传播模式、贝罗传播模式、施拉姆系列传播等模式（奚晓霞、吴敬花，2018）。

我们认为在上述教育传播学研究中，布雷多克教育传播学的 7W 要素最适用于本书的研究。一方面，教育的过程是复杂的、是不断进化的，以教育技术学的定义为例，美国的教育和技术协会（AECT）在 1994—2017 年就发展了三个关于教育技术学定义的版本。而教育传播学因为跟快速变化的教育传播技术相关，其进化更为迅速。本书采用教育传播学中经典的布雷多克7W要素，便于去繁就简，从纷繁复杂的教育过程中把握关键，梳理主要研究节点与脉络。另外，也要看到，当前已进入媒介融合时代，各种传播要素与过程已实现相当程度的融合。各种新教育传播技术将学习过程中的听觉、视觉、触觉多感官打通，出现了沉浸式学习、混合式学习，7W的边界已被打破，如教师也是学习者，信息接收者也是生产者等。因此，教育传播学的研究也必须与时俱进。

（1）关于教育传播学学科建设与方法的研究。基本方法和基础的理论知识；研究方向；传播学研究现状、传播学发展史、传播学基本理论等。黄鹂、吴廷俊认为，教育传播学的学科建构要充分结合传播学的理论和方法，在开阔学术思路的基础上，探讨教育过程中的现象和规律（黄鹂、吴廷俊，2003）。而李永健认为教育传播学理论体系的建构要从两个方面入手：一是从大众传播学中已经成熟的研究范式中汲取营养，关注焦点和研究方法；二是通过梳理传播学理论而形成的以学习效果、效率问题为基础的教育传播理论（李永健，2006）。这方面的研究成果大部分仍从教育技术学的角度出发，对教育传播学的专注思考仍较为欠缺。

（2）关于教育传播学课程或教学改革的研究。主要研究的是有关教学活动的一些改革，以及课程安排。甘忠伟将"博客"引入教育传播学的课堂教学中，通过在"博客"上发表与课程相关的话题，激发学生的兴趣，引发同学讨论，从而提高了教学效果（甘忠伟，2007）。刘琦运用建构主义学习理论从情境创设、课堂组织和评价手段三个方面进行教育传播学的教学改革（刘琦，2007）。这个方向的研究主要聚焦于"教育传播学"这门学科的教学改革，探索将理论运用于教学实践中。多数属于教改论文方向，但是该方向的研究多数在十年前发表，近十年内没有相关的文章出现。在我们的搜索中，显示此方向已不再是当前的研究热点，发现相关研究的多数转向混合式教学及翻转课堂教学。

（3）关于新技术应用于教育传播教学的探讨。是对应用于教育过程中新兴媒体的特征、传播模式、传播效果、新旧媒体的比较研究，以及如何优化应用这些新技术等。如王陆根据教育传播学中的个人差异论和反馈理论的原理，提出课堂教学的解决方案（王陆，2007）。王灵坤系统地介绍了互联网应用于教育传播教学中的优势与不足（王灵坤，2010）。李运林认为要把教与学过程的相关研究纳入教育传播研究的框架，特别是我国对新的传播技术有独特的管理方法和使用原则，应加强研究（李运林，2009）。

（4）基于其他理论视角的教育传播学研究。周越和田振清从系统结构的分析方法视角出发，认为教育传播可以分为教师环节、学生环节和通道传输环节，师生应当是对等的主体关系，分别明确了教师和学生的任务（周越、田振清，2003）。汪基德认为教育传播学需要构建属于自己的传播模式，需要遵循科学的分类原则，根据事物本质属性来构建，据此教育传播模式可以分为教师导学模式、学生自主探究模式和师生协作、生生协作互动模式（汪基德，2007）。这方面的研究仍多借助于传播学的现有模式与相关方法，对教育传播学的自有分析与模式研究较为欠缺。

（5）教育传播中的传者、受众、效果的研究。这个研究方向的研究成果致力于在汲取大众传播学成熟研究范式的基础上，探讨教育领域出现的现象。比如甘永平、寇斌从传播学的角度分析了网络传播教育的过程（甘永平、寇斌，2004）。而陈明欣在其博士学位论文《中国成人教育传播研究》中认为学校教育传播只是人类教育传播活动的很小一部分，提出教育传播泛社会化的概念（陈明欣，2011）。

2. 对教育电视的研究

（1）对教育传播学和电视关系的研究。在对教育传播学现状进行分析总结后，我们着重于对人工智能时代教育电视的转型进行梳理。我们同时以"教育传播学"和"教育电视创新发展"为主题在知网上搜索，但未出现相关文献。我们退而以教育传播学和教育电视为主题进行了搜索，相关研究成果只有一篇，是内蒙古师范大学包丽丽的硕士学位论文，主要内容是我国教育技术学专业有少数专业课程体系僵化，跟本书相关性不大。因此，我们再以教育传播学和电视为主题进行了搜索，结果如下。

一共显示有26篇文献，可以发现，相关研究集中于教育传播学、教育传播、传播理论、远程教育等，其中主题为教育传播学的有10篇，教育传播7篇，教育技术学5篇，传播理论5篇，视听教育2篇，电视传播1篇。与我们研究的主题关系也不大。因此，我们再次扩大范围，以教育电视为主题进行搜索。

（2）对人工智能时代教育电视的研究。在以"教育电视"为主题的检索中，其结果主要包括广播电视大学，成人高等学校，教育电视、远程教育、电视节目及中央电大等，部分英文文献与医学教育、父母、孩子等有关。其中，关键词为教育电视的有258篇。其关键词与CITESPACE关键词聚类图符合，可以看出在教育传播学背景下，不乏研究者结合时代的前沿性媒介技术对教育电视进行多维度的探讨，如涉及传播技术维度的"电视媒体"研究，关于教育电视传播内容的"教育电视节目"研究。教育电视之于教育传播学具有重要意义，其不仅是媒介技术发展的展现，也是媒介传播实践的渠道。教育电视创新发展与媒介传播技术协同发展，兼具传播技术与教育传播双向维度的教育电视，在新媒介技术支持下的转型发展研究显得极具重要研究价值。

为了充分了解教育电视研究领域最新的研究动态，我们借助中国知网、图书馆等途径，进一步查找了与教育电视有关的领域，比如广播电视、电视定位、中国付费电视等资料、书籍和期刊文献等，累计一共查到3964篇，经过主题的删选，最终发现与本书紧密相关的参考文献共103篇，其中著作占比为51%，论文为40%，外文文献占比为9%。在收集的资料中，中文论文的主要来源是中国的各大数据库，外文文献则是通过CCC（CALIS西方期刊目次数据库）等外文数据库收集。发现如下。

1999年彭学善首次提出"教育电视"，认为教育电视是教育技术学的重要手段，是整个教育事业的附属产物（彭学善，1999）。随后，在科技创新和信息社会的发展过程中，覆盖教育、信息和文化等领域的教育电视已经成为社会对知识和信息的渴望，进而引发了人们对教育电视进行思考（彭引，2000）。在20世纪80年代，教育电视就已经出现在我国，当时各省市的教育部门相继建立了教育电视台，以实现普及教育的最初目标（张宝志，2009）。1978年，邓小平同志在有关教育的会议上提出，要加快落实用电视和广播的方式促进教育快速发展（陈琳、王运武，2009）。1981年新疆地区筹建了全国第一个教育电视台（刘竹筠，2007），其后教育电视不断发展，在各个地区开花结果。有学者认为曾在转型期的中国各级教育电视台，在市场经济竞争的夹缝中，一直处于收视欠佳、缺乏普惠政策支持的"尴尬"境地（王炎龙，2003）。针对此类问题，学者董向东认为提高教育电视的整体技术水平、基础设施建设、技术创新能力、教育业务开发、从业人员文化素质等是解决此类问题的有效途径（董向东，2005）。

研究者在剖析教育电视问题之后一般都会进行对策研究，还有学者在研究中引入了媒体融合背景下的解决方法，从技术创新、理念更新、多元发展的角度来应对新媒体兴起对教育电视所带来的挑战（张炜，2015）。部分学者站在技术创新和内容开拓的角度看待未来教育电视的发展，认为教育电视台的改革发展既要尊重媒体发展规律，又要坚守教育的定位，立足于教育，服务于教育，以此来谋篇布局建设媒体（袁小平，2017）。也有学者认为，教育电视的改革创新要紧紧围绕"教育"这个核心竞争力（尤红，2013）。

总的来说，目前国内对于教育电视的研究主要集中在以下几个方面。

第一，对教育电视基础理论的研究：这个角度的研究成果主要是对教育电视的使命、性质、任务等问题的探讨。张骏德、王哲平认为中国教育电视的历史使命与当前社会经济发展和社会进步密不可分（张骏德、王哲平，2006）。有的学者认为在网络时代下，教育电视必须要扭转传统观念，打造品牌，由此方能使教育电视本位回归（石晓雯，2006）。

这个角度的研究成果能够帮助初学者快速地了解教育电视的相关基础知识，同时也是其不足之处，即仅停留在基础理论层面，未能深入研究。

第二，教育电视应用业务层面上的研究。黄慕雄将虚拟演播室的原理及核心技术引入教育电视（黄慕雄，2002）。马继霞、许雄将表现蒙太奇引入教育电视教材的制作当中，并且结合电视的特性，深入讨论了平行、交叉、积累等蒙太奇在电视教材中的具体应用（马继霞、许雄，1998）。尽管教育应用层次的研究成果非常多，但是既从应用层面又从理论层面研究的成果少之又少，不少文章都停留在经验总结的层次上（付道明、张利桃，2005）。

第三，发展趋势与技术平台建设研究。主要探讨了教育电视在新时代下该何去何从的问题。徐明认为在数字化、网络化、信息化和产业化的时代背景下，教育电视必须在体制、技术传输平台、业务种类等方面改革创新（徐明，2002）。学者乌美娜则是从教育技术学的角度来看待教育电视节目的制作问题，并且致力于在教育电视节目的制作原理、方法和要求等方面探索，这些成果最终汇聚于《教育电视节目制作》一书中（乌美娜，1993）。

第四，教育电视的决策与管理研究。主要结合外部环境和内部环境来论述教育电视，如构建"学习型社会"，重视人力资源能力建设，充分运用数字化技术打造教育电视传播的新平台等。

3. 对人工智能时代教育电视创新发展的研究

在教育电视创新发展的相关研究方面，我国学界和业界关注和研究教育电视创新发展的时间并不长，以"教育电视创新发展"为关键词在中国知网里搜索，共有 30 篇文献。最早收录的文献是 2005 年的，但随后十年的研究量均较少。直到近 3 年（2017—2019 年）关注开始增多，共出现 14 篇文献，占比近一半。从研究的主题可以发现，早期的教育电视创新发展研究以广播电视大学、开放大学转型为代表，随着电视媒体的发展以及互联网媒体、融媒体的出现，教育电视创新发展研究开始关注"互联网+教育"、教育电视台等媒体范畴。目前与教育电视创新发展有关的研究成果主要分为两个维度，即教育电视媒体转型研究和以教育电视为载体的远程教育转型研究。

（1）教育电视媒体转型的相关研究。国家开放大学的转型不仅为教育电视提供了广阔的市场空间，也触动了新的发展思路和理念。2012年，喻国明在研究中国电视的发展转型时明确提出了中国教育电视台的"羽化成蝶"，认为教育电视的发展应该与国家改革和教育改革相适应。这也意味着，随着社会的整体发展，教育电视创新发展的步伐不会停止。（喻国明，2012）

2014年，罗立仪、邹学麟注意到了新媒体对教育电视台的冲击，迫使其需要通过转型来适应时代的教育需求。他们认为，教育电视台必须与新媒体融合发展，对于当时正处于快速发展期的各地教育电视台和教育频道而言，媒体深度融合的路径势在必行（罗立仪、邹学麟，2014）。但从近年的实际情况上看，融合的进度与融合目标之间存在较大的差距，这也是当下教育电视依然存在的困境。

2015年，宋歌为教育电视媒体转型开出了更具体的"药方"：人才转型、体制转型、节目转型、经营转型（宋歌，2015）。2018年，尤建源加上了受众转型，认为教育电视要把过去通过屏幕实现的受众教育转变为通过优秀节目服务用户。为受众量身定做多样化、个性化、差异化的教育内容和教育服务（尤建源，2018）。研究者已经看到了传统教育电视的弊端和劣势，所以转型不仅仅是技术手段的更新，更需要教育电视链的整体转型。教育目标的改变，教育定位的更新，便会带动教育对象、教育渠道、教育源的变化。

（2）以教育电视为载体的远程教育转型的相关研究。2006年，赵万宏提出了我国现代远程教育的多元化发展与转型，并重点围绕"远程教育""网络教育""现代远程教育"等相关概念差异进行辨析（赵万宏，2006）。可以看出，网络媒体的出现开始改变我国传统远程教育的模式，但概念之间仍处于相对独立的状态。

2012年，国家开放大学的成立，拉开了广播电视大学转型研究的序幕。当年，不少学者以此为课题探寻电大转型的模式、趋势。黄均红认为在电大改革转型的重要背景下，完善终身教育的重要支撑是现代信息技术（黄均红，2012）。同年，张俊在研究开放大学在终身教育中的作用和转型时，提出了"融合"的理念。他认为信息技术与教育的融合应成为未来开放大学发展的方向（张俊，2012）。虽然研究者关注的只是广播电视大学的转型方向和模式，但其理念与现在教育电视所定位的"家庭教育智慧港"、终身教育等内容如出一辙。尤其是"技术融合"的提出，不仅是媒体融合的基础和前站，更是改变教育电视制作与传播理念的开端。

2013年开始，社区教育成为研究者们关注的重点。如何满足社区居民的教育需求，学者们开始沿着电大的深入转型而进行研究。吕红强调，基层电大的职能转型应与社区教育相结合，从而满足社区建设和社区居民的需求（吕红，2013）。2017年，霍建平、刘利珍提出"互联网＋"社区教育，认为电大应该发挥数字化的资源、平台、技术优势，实现互联网＋社区教育的真正融合（霍建平、刘利珍，2017）。张宇航描绘了"互联网＋"社区教育的蓝图：移动学习、资源共享。教育电视与社区教育相结合的理念，突破了传统远程教育的禁锢，教育对象更加开放化，也使得社区、家庭成为了教育电视的传播对象。这与现在提出的依托电视平台打造"智慧城市""智慧社区"的理念不谋而合（张宇航，2017）。2019年，吕芹认为广播电视大学应探索信息技术与农村继续教育的深度融合，为转型又开拓了新的思路（吕芹，2019）。

综上所述，广播电视转型既改变了我国教育电视的格局，也为教育电视提供了更宽广的发展空间。正因如此,教育电视创新发展的研究随之跟进,关注方向也从电大教育发展到电视媒体。"互联网+教育""融媒体""全媒体""智慧教育"等热门主题词层出不穷。随着大众媒体的深度融合发展,以及新媒体技术、手段、设备的迭代,传播理念和教育理念的更新,对于教育电视创新发展的关注和研究会持续加强。

(二)人工智能教育国内研究

在中国知网搜索"人工智能教育",选取时间从不限到2022年12月,剔除会议通知、征稿通知等与该研究无关的文献,精确检索后得到有用文献908条。按照Refworks格式导出文献,做好CiteSpace分析的文献准备。

学术论文的发文量在某段时间内的变化,可以显示研究领域的重要节点和变化。分析选取文献的发文量时间变化如图1-1所示,从2002—2015年为缓慢发展时期,发文量变化不大,在0—10篇之内波动,表明我国人工智能教育领域的应用不多。从2016年开始到2022年出现大幅度增长,其中,在2021年达到顶峰,大约215篇,表明在这段时间内,国内开始对人工智能教育展开

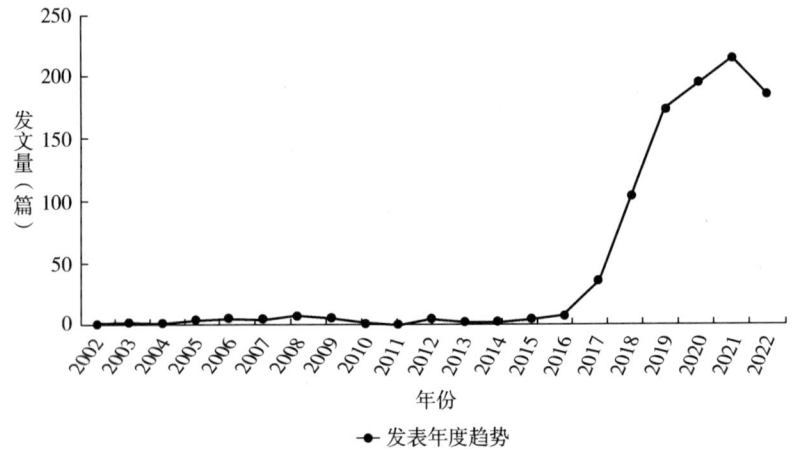

图1-1 国内有关人工智能教育的发文量图示

研究。2017—2019 年是人工智能教育快速发展期，这是因为国家在 2018 年印发了《教育信息化 2.0 行动计划》，各大高校为响应国家政策，将人工智能引入教育领域。2020 年受到新冠疫情影响，线上学习需求倍增，大部分学生开始借助技术学习，有关人工智能教育的研究仍呈上升态势。总的来说，近年来人工智能在教育领域的影响力逐渐扩大。

在 CiteSpace 中设置 Time Slicing 从 2002—2022 年，选取时间切片为 1，设置 TOP N = 50，Pruning 中勾选 pathfinder、pruning sliced networks，最终得到 2002—2022 年 21 年间的聚类图。得到前 13 个聚类，前 10 类包括#0 人工智能、#1 教学改革、#2 智能教育、#3 智慧教育、#4 深度学习、#5 大数据、#6 教育应用、#7 高校、#8 教育、#9 中小学、#10 数字化学习。聚类#0 人工智能的关键词频次较高的前三个为新工科、课程改革、创新能力。聚类#1 教学改革突出关键词包括教学模式、教学方法、教学实践。#2 智能教育的主要关键词为教育伦理、教学改革、人机交互、教育创新。#3 智慧教育的主要关键词为智能技术、教育变革、知识图谱、教学改革。#4 深度学习聚类的关键词是机器学习、学习分析、智能语音、专家系统。可以看出，在人工智能教育方面，学者们注重教学方式的创新和变革。

CitesPace 中的时间线图可以表示不同聚类的时间变化，大量有关人工智能的研究从 2003 年开始出现，并不断影响后续的研究。"教学改革"在 2009 年被大量研究，2016 年左右"智能教育"开始大热。

综上所述，人工智能技术在国内研究范围广泛，因其具有知识学习功能、数据库强大、拟人化以及智能化的特点，人工智能自问世以来，逐渐被应用于多个领域。通过文献梳理发现，人工智能涉及教育学、医学、新闻业、法律行业等研究领域；主要集中于人工智能技术、人工智能与社会科学、人工智能与教育、人工智能与法律四个大类。因本书是在人工智能背景下探究教育电视的发展，所以重点分析人工智能与教育领域的研究现状。

人工智能对教育的影响，主要是研究在人工智能背景下，高校思政、传媒、高等教育、职业教育等方面的改革创新。蒲菊华等人从教学者、学生、伦理方面指出人工智能在融入教育时面临着许多挑战，可以从改变教学生态中心化学习角色，利用大数据与情感分析促进伴随式评价、因材施教、发展个性化教育来改善困境。人工智能在教学领域的发展可以概括为两种表现方式：一是人工智能作为学科进入教育体系；二是将人工智能结合其他学科增强学习效果。"人工智能+教育"则是教育改革创新的表现形式，将人工智能作为一种促进因子，考察其对教育的促进效果。发展出"人工智能+新工科"的概念，有利于在人工智能背景下培养人工智能专业人才。除教育改革外，学校教育如中小学教育、高职教育都纳入人工智能，研究人工智能给教学带来创新路径和新挑战（蒲菊华、熊璋，2021）。吴晓如等人认为人工智能教育应用领域有学生学习过程不够个性化、教师教学过程不够精准化、学校管理过程未能实现科学化等问题。人工智能虽在教育领域具有促进作用，但在应用过程中还存在许多问题（吴晓如、王政，2018）。

除人工智能教育领域外，还总结了国内有关人工智能其他领域的研究。一是人工智能技术的发展应用研究。人工智能发展至今，与人工智能相关的技术大致有模拟人类的机器学习、能够提供一些实际解决办法的专家系统、研究与人脑相似度高的人工神经网络、识别图像的技能。应用领域较为广泛，覆盖了教育、医学、汽车、工程、电力等领域。袁云佳将人工智能的发展总结为五个阶段（袁云佳，2020），第一阶段是1950年图灵实验后到1956年的萌芽阶段；第二阶段是自1956年美国达特茅斯举办"侃谈会"提出人工智能这一概念后到1967年，这是人工智能的诞生起步阶段；第三阶段是1967年至20世纪70年代初期的低谷萧条阶段；第四阶段是1980年至1987年的黄金阶段；第五阶段是1987年至今的稳定发展阶段。

二是人工智能人文哲学研究。人工智能与人文科学领域融合，包括深度学习、机器学习、社会伦理和治理等有关人文科学方面的联结。郑祥福从人的意向性问题、概念框架问题、语境问题、日常化认识问题入手，对人工智能的哲学性问题进行了阐释（郑祥福，2005）。孙伟平对人工智能技术的应用引起的伦理冲突问题进行了分析，并提出了伦理规制方案（孙伟平，2018）。贾开等人提出了人工智能的三个基本问题，在技术逻辑、风险挑战、公共政策三个方面对人工智能治理进行了阐述（贾开、蒋余浩，2017）。人工智能的兴起也带来了人与智能的伦理问题，技术不断发展使机器的主体性越来越强，引发学界关注，但事实上，人工智能引发的责任问题该如何规制和解决在创造机器时就应考虑进来。

综上所述，人工智能逐渐从技术及应用的研究渗透到人文社科领域，融入医学、教育、法律等学科，打破学科之间的边界，为人文社科领域提供技术支持。"人工智能+"能够为其他领域拓宽研究范围。

二 国外研究

（一）教育电视国外研究

1. 教育传播学的研究

国外教育传播学的研究体现出鲜明的过程性和系统性，其中系统性是指在更为综合的角度将教育活动当作是各种要素之间的相互关联，以及产生作用的完整结构；而过程性则是指教育传播活动一般具有的动态的特性、有序性和完整的结构性。美国传播学家拉斯韦尔在《传播在人类社会中的结构与功能》一书中提出了"5W"的直线传播模式（H. D. Lasswall，1948），直到今天仍然是研究传播学各类理论的基础的框架。以此理论为基础，教育活动传播过程也具有五大要素：传播者、教育信息、媒体通道、学习者和评估反馈。1954 年《传播论文集》《大媒介与小媒介》是西方电化教育理论与实践的总结，1958 年美国学者布雷多克在 5W 基础上发展出教学传播学中的 7W 模式，其中每个 W 都类同于教学过程中的一个相应要素：教师、教学内容、教学媒体、教学对象、教学效果、教学目的、教学环境。有学者认为教育传播学是运用传播学观点、理论和方法系统地研究和探讨教育过程中的传播现象的科学（黄鹏、吴廷俊，2003）。还有学者认为教育传播学唯一的目标是促使特定的受教育者在特定的情景中完成学习（黄鹏、吴廷俊，2003）。

2. 对教育电视的研究

我们在调查中发现，教育电视的起源可以追溯到 1952 年。世界上第一家教育电视台于 1952 年 11 月在南美的委内瑞拉电视台第五频道创立。经过 50 多年的实践，教育电视的应用性学科地位已经逐渐建立起来，其研究内容和领域涵盖教育电视工程开发、教育电视教材、教育电视应用三个方面。

被认为是教育电视入门级书籍的是《教育电视理论制作》，它是著名学者尼斯比特的代表作之一；而比较系统的论述教育电视在制作过程中所经历的活动的著作是《教育电视》，它是艾伦·汗考克等学者在对朗曼出版社的《教育工具的制作》充分了解和理解的基础上，根据该书中的部分原理而编写成的；教育电视正式拥有自己的学科体系和基本的理论形态、理论架构是在《电化教育学》出版后；而学者陈犀禾在对美国电视业的历史进程、节目类型、社会影响等方面进行了全面考察以后，将其考察结果汇编于《当代美国电视》这本著作当中，并且随后也追踪研究了该领域的最新发展。

从设备系统来看，教育电视主要体现在硬件应用和软件开发两个方面。其中，美国教育电视研究多以应用和硬件的开发为主，从内容形态看，国外研究多关注著名节目的研究，探索教育电视节目规律，尤其是流媒体课件、数字交互电视节目等网络与电视技术结合的节目形态的传播规律和编制规律。如 ERIC（美国教育部教育资源信息中心）共收录著名的儿童早教节目《芝麻街》的研究论文 392 篇（Evan R. Goldstein, 2009），引发"知沟理论"的提出（黄慕雄、刘广，2010）。从教育电视应用的角度看，国外研究的焦点集中于对电视媒体在教学活动中的应用原则、规律、方法的研究，如"CNN Newsroom Guides"向学校提供 CNN 节目大纲、课堂活动、教学建议等，相关研究多围绕一个节目在教学中的指导性说明（Akyurek, Feridun, 2005），或是交互电视对某一学科、课程的应用研究等，相对而言教育电视编制、教学应用等理论研究较少。

国外媒体的发展格局发生了变化，学术界的研究也随之发生变化，研究视角从以前单一的媒介和人的关系，发展到媒介形态融合等多种视角。在多种视角下，媒体融合的定义也有多种说法。亨利·詹金斯眼中的媒介融合是一种信息流动，这种信息流动可以发生在任何媒介平台。他在对媒体融合概念理解的基础上，进一步提出一些新的概念，从"融合文化"的角度来理解媒体融合（亨利·詹金斯，2012）。德鲁·纳齐森提出"融合媒介"的概念，他认为，所谓的融合媒介指的是一种联盟，一种由多种媒体形态组成战略性的、操作性的、文化性的联盟（刘颖悟、汪丽经，2012）。有学者从人际、网络、大众传媒的角度来对媒体融合展开讨论（克劳斯·布鲁恩·延森，2012）。还有学者在麦克卢汉《理解媒介》的基础上，提出要重新审视新媒体（罗伯特·洛根，2012）。

3. 以教育电视为载体的远程教育研究

国外的教育传播及教育电视研究还较多地以教育电视作为载体的远程教育研究的形式表现出来：20世纪50年代，以多门、格拉夫、奥托·彼得斯、里贝尔和德林为代表组成的图宾根小组为远程教育的发展做出了重要贡献，他们发表的众多论文和著作为后来学者研究远程教育提供了参考依据。在《图宾根远程教育文集》和《远程教育研究和报告》两本书中，他们回答了远程教育的一系列基本问题。图宾根小组在20世纪70年代中期解散了，但是这个小组的重要成员都分别在欧洲各地继续从事着远程教育的研究工作。

有了前面"图宾根小组"的理论为基础，西方各国也开始了对远程教育理论的研究。著名学者霍姆伯格在1960年出版了被认为是研究远程教育的重要著作《函授教学方法》，认为远程教育过程中的面授部分应该被视作是有意义的指导性教学会谈，在这个会谈中专业教师可以建议学生如何解决学习问题，可以为学生指出哪些内容是必须要进行详细阅读的。他还认为，教师和学生主要是通过持续不断的会谈来促进学习的。第一次用"独立学习"来形容远程教育的是美国学者查尔斯·魏德迈，他在《函授高等教育的作用》中认为，远程教育可以让学习者在自己的环境里，按照学校的相关规定，在专业老师的指导下（这种指导并不是让学习者依赖教师）按照自己的时间安排来完成相关的学习任务。"独立学习"的第一次界定是在魏德迈著作《独立学习》中，他认为所谓的独立学习是指为了让学习者在自己的环境里能够和校内学生一样的获得学习的机会，使用各种教与学的形式让学习者和教师进行持续的沟通与交流。在1973年，德国的学者奥托·彼得斯提出了"工业化教学论"，他认为，远程教育和社会工业化几乎是在同一个时期开始的，这两个事件的发生并不是纯属偶然，在某种程度上是有一定联系的，所以远程教育在本质上是一种工业化和技术化的教育。1977年，美国学者迈克尔·穆尔提出远程教育中的"距离"的概念，这个概念在论文《交互距离理论》得到进一步的完善和分类。1978年，英国学者巴斯将现代教育成果应用到远程教育中，并且提出将"双向交互"的概念应用到函授教育中，在两年之后，他在《函授教育中的邮政双向交互》中指出函授教育的核心，他认为远程教育的核心是双向交互，双向交互的核心是学校教师的指导。在同一时期，约翰·丹尼尔等人在《交互作用和独立性：取得适当的均衡》中指出，远程教育的教学活动包括"独立活动"和"交互作用"这两种，所谓的独立活动指的是学生在校外自己环境里进行的学习活动，交互作用是学生和老师、同学之间的交流和沟通活动。

到了20世纪80年代，随着通信技术的日益发展，远程教育各种理论文献层出不穷。1983年，西沃特等人主编的《远程教育：国际视野》问世，该书最开始就对远程教育的研究情况作了一个回顾，同时也对远程教育的概念、基础理论、学习者、媒体等相关知识进行了相关的论述，对后世的学者产生了较为深远的影响。在1986年,《远程教育基础》一书正式出版,基更在此书中回顾了整个远程教育研究的经过,论述了远程教育概念的核心,也提出"教与学再度融合的理论",他在1990年对这本书进行了修订,也进一步完善了其中的相关理论。霍姆伯格在1989年出版了《远程教育的理论与实践》,该书被认为是他理论的集成。在该书中,他提出了"远程教育的双向交互及通信"理论,并根据现实条件提出远程教育学科建设的问题。远程教育的各个原理包括教学、学术、分析、哲学和理论等在《远程教育的理论与原理》一书中被基更清晰地阐述了。英国学者劳瑞特拉的著作《反思大学教学》通过归纳教学案例,归纳总结出以教与学为主的教学活动的双向交互特征。贝茨通过对远程教育与新媒体的研究分析,得出了一系列学术成果,比如《技术、开放学习与远程教育》(1995)等。他认为,将最新的通信技术成果应用于远程教育领域至关重要,最先将其应用于教育的国家,其经济将遥遥领先世界。1996年,穆尔和基尔斯利在《远程教育:系统观》中提出了二维理论"交互距离"和"学生自治"。1998年,彼得斯出版《远程教育中的教与学》从电子信息通信技术的视角来论述教育学理论。这个时期,联合国教科文组织也大力支持远程教育的发展,在它的组织下,一系列关于远程教育的书籍陆续出版,比如《信息社会的远程教育:政策、教育学与专业发展》等。2003年,缪尔主编的《远程教育手册》出版了,这本书是迄今为止梳理远程教育研究成果最全面的著作,具有一定的代表性和权威性。

(二)人工智能教育国外研究

国外有关人工智能的研究热点与国内稍有不同,王友发等人对国外人工智能研究做了分析,将其分为数据挖掘方面、模式识别方面、智能算法方面、机器学习方面四大研究热点（王友发、陈辉、罗建强，2021）。2016年，美国白宫科技政策办公室发布了《为人工智能的未来做好准备》报告，对目前美国人工智能的发展情况和未来会出现的一些疑问进行的总结，包括公共事务效率问题、政府机构运用人工智能技术、完善管理制度保障公共安全、政府和学校应该助力人工智能专业人才培养、一些行业人群受到的负面影响、人工智能安全性问题、为全球问题提供新思路等方面。在人工智能教育主要集中于高等教育和医学教育两个领域。帕特里克·卡米莱里（Patrick Camilleri）认为高等教育要注重创造力的培养，这一过程可以通过人工智能来实现。大学生群体在运用科技方面有较强的接受能力和基本素养，由于人工智能的个性化特点，可以有针对性地培养大学生的创造性思维（文欣月、周琴，2020）。在研究热点方面，国外人工智能的研究主要集中在自然语言处理、文本挖掘、可视化、机器学习、智能导师系统、程序、计算机思维等领域。研究范围较为广泛。此外，国外对人工智能教育的技术研究还有需要突破的几点：一是创建社会交互网络，主要是扩大终端联结方式，由PC端扩大到移动用户端，提升使用的便捷性，从交互层面上来看，将单一的使用平台扩大到如微信、Twitter等社交网络，扩大接触的可能性和接触面。二是探索教学主体与支持技术之间的新联系。创造机器人辅助机器人完成教学，人工智能机器作为教学助手满足老师和学生各自的需求。三是研究物联网在教育领域的应用，为学生打造智能学习环境，例如智慧教育，为师生提供庞大的数据资源和教学创新模式。

　　国内外对于人工智能教育的研究对教育层面有所涉及，对比来讲，国外关注的范围更为广泛，包括医学、工程领域。国内在教育方面，注重将人工智能技术与教学融合，探究人工智能技术对学习效果的促进作用。而国外的人工智能教育研究更加深入教育本身，将人工智能落地到某个方面，例如美国人工智能教育领域的独角兽 Knewton 自适应学习平台和 ALEKS 智适应学习系统，它们成功应用于 K12 教育和高等教育领域，相比来说实践性更强。

三 小结

当前的研究集中于对教育电视概念的解释，教育电视的研究仅停留在对经验的总结层面上。而对于人工智能时代的教育电视，现有研究主要集中在新媒体技术对教育电视的影响（苏锋，2012）、对定位功能的分析（徐文威，2016）、对传播形式的分析（周胜怡，2010）等研究。研究者在剖析教育电视问题之后一般都会进行对策研究，在这方面胡正荣、黄升民、喻国明教授成果较多。国外主要有美国哥伦比亚大学教育学院本吉奥教授及宾夕法尼亚大学 W. 布莱恩的相关成果较有代表性，但并没有探讨在人工智能时代教育电视与新技术如何融合，教育内容的生产、分发、接收的方式应如何转型，更没有探讨在人工智能、5G 等新的教育传播技术下教育电视的发展问题。国内对教育电视教育属性、产业属性"双重属性"的研究中，周鸿铎、黄升民、丁俊杰教授的研究较有代表性。国外的相关研究者则更多地涉及体制、机制研究，产业链研究等多角度、多元化领域。其主要著作包括艾伦·格里菲思的《数字电视》，玛格赫丽塔·帕加尼的《多媒体与互动教育电视》。而对于教育电视发展问题的剖析，李萍、陆地、黄勇教授和时统宇研究员在这方面的成果较突出。由于经济体制及技术的差异，国外的相关研究更多的是强调新的信息技术与教育电视的相互作用。人工智能时代教育电视研究成果较少，人工智能时代教育电视创新发展的研究成果在我们的检索中没有发现。综上所述，目前人工智能时代教育电视创新发展的研究成果较少，无论是对教育电视的选择与使用，还是对教育传播及教育电视的探索，无不体现着教育技术学、电化教育的影子，对人工智能时代独特的范式与规律研究不够，研究视角较为单一，学界与业界的结合不够。呈现出条线演进，各自为战的特点。尤其是在中国语境中，教育电视面临的现实情况与主流传播学、教育传播学及新古典经济学理论基本假设大相径庭。但是，教育电视既然有传媒属性、教育属性和经济属性，相关理论就一定会体现在其中。相关研究正呈现出"多模式、新路径"的研究模式。且以往的教育电视创新发展发展研究多认为教育电视与网络教育、手机教育APP等是相互功能重叠、用户重合而进行对等竞争的。我们的研究立足于教育电视定位于作为教育的电视，以此出发走教育电视创新发展之路。

第五节 研究设计

一 研究思路

本书按照"应该是什么→现状怎么样→为什么→怎么做"的逻辑，研究利用教育传播学相关理论知识，首先对已有研究成果进行梳理，结合教育传播学理论建立理论框架，然后通过实地调研及专家咨询对人工智能时代中国教育电视的发展现状进行分析，探究其问题所产生的原因，并试图探索发展路径。具体研究思维如图1-2所示。

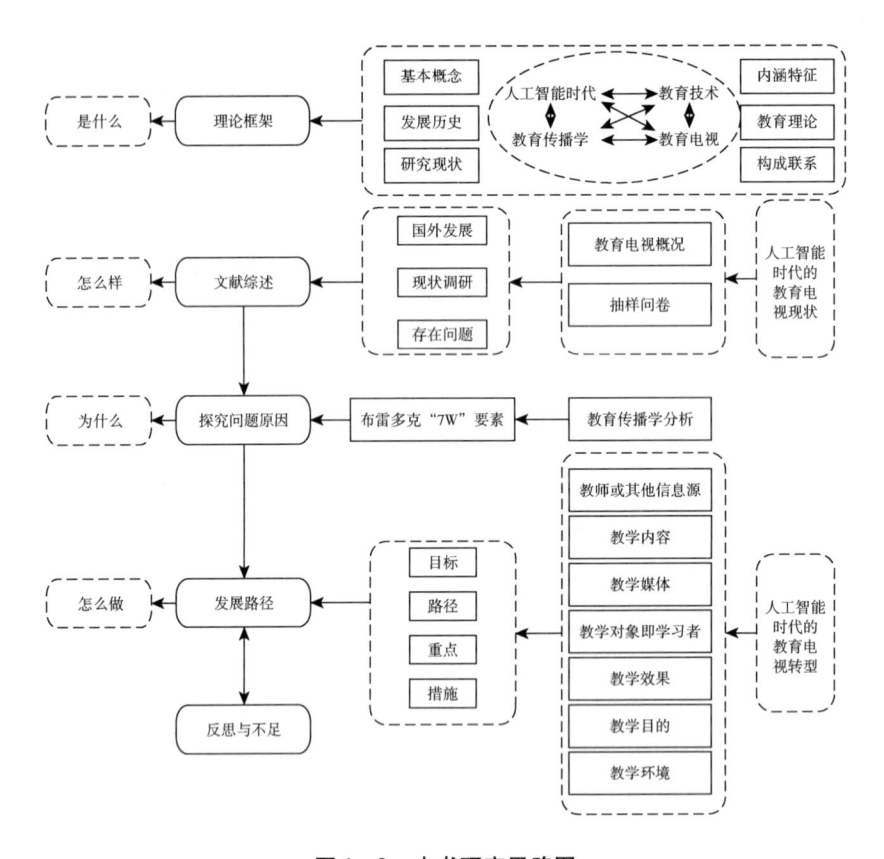

图 1-2　本书研究思路图

二　研究方法

(一) 问卷调查法

本书对教育电视的用户进行了问卷调查。此次问卷主要选用单选、多选和开放性问答等类型的题目，用来了解用户对教育电视的看法以及对其发展的相关建议。

(二) 比较研究法

对国内外教育电视的发展进行了比较，从中找出可供借鉴的经验和教训。

具体研究流程如图 1-3 所示。

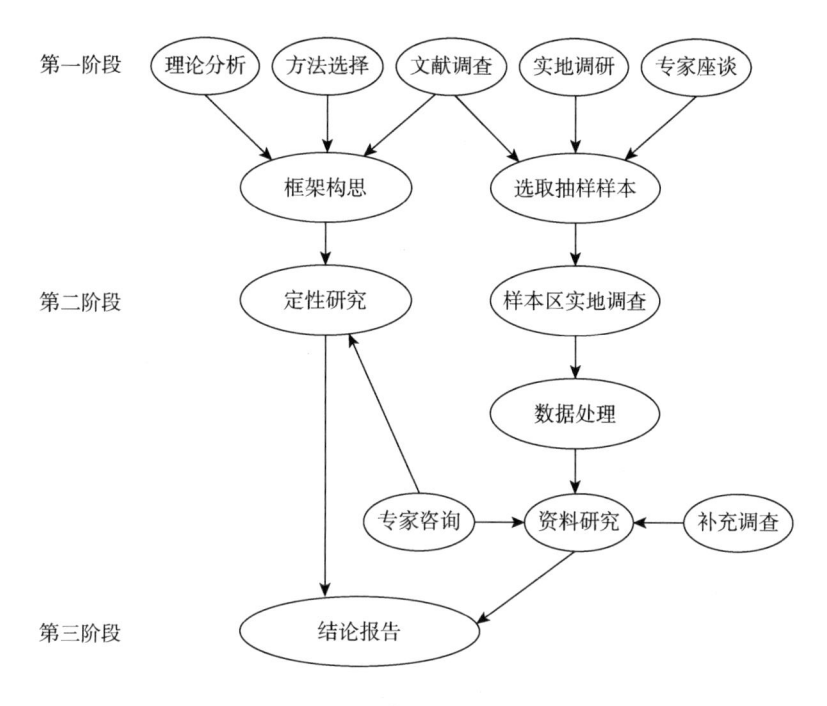

```
第一阶段   理论分析  方法选择  文献调查  实地调研  专家座谈
                    ↓    ↓    ↓         ↓      ↓
                     框架构思          选取抽样样本
                        ↓                 ↓
第二阶段              定性研究          样本区实地调查
                                          ↓
                                       数据处理
                                          ↓
                      专家咨询  →  资料研究  ←  补充调查
                        ↓            ↓
第三阶段                     结论报告
```

图 1-3 本文研究流程图

三 研究内容

在人工智能时代，教育电视如何面对教育传播新技术带来的挑战和机遇，发挥自身优势，避免与手机、电脑等对手死拼移动化、小型化、私密化，以教育传播学为指引，定位于家庭"智慧教育港"，以此出发走转型发展之路。

全书按照"应该是什么→现状怎么样→为什么→怎么做"的逻辑展开研究。具体内容如下。

（一）绪论

人工智能时代教育电视基本概念、研究意义、研究现状、研究设计与思路、创新点等。

（二）人工智能时代教育电视创新发展概述

从教育与教育传播的关系，人工智能时代的教育电视、教育电视创新发展的理论模型等方面结合教育传播学的相关理论进行阐述。

（三）人工智能时代教育电视发展历程

对国内外教育电视的发展历程及教育电视的优势、人工智能时代教育电视的发展历程进行阐述，在此基础上对"应该是什么"进一步深化。

（四）人工智能时代教育电视的现状

按布雷多克"7W"要素对教育电视概况，对用户及"7W"要素上的各环节进行了调研，回答"现状怎么样"的问题。

（五）人工智能时代教育电视的问题及原因

在调研基础上按布雷多克"7W"要素，结合教育传播学对存在问题进行了分析，回答"为什么"的问题。

（六）人工智能时代教育电视创新发展的路径探索

在问题分析的基础上，以教育传播学相关理论为指引，按照布雷多克"7W"要素，探索教育电视的发展路径，回答"应该怎么做"。

四　核心观点

1. 人工智能技术的发展延伸了传统教育电视的边界，"教育+电视"有了新的内涵和外延，边界不断拓宽，形成了以"教育"为中心，其上、下游包括教育内容生产、集成、分发及教育数据挖掘与运用的教育传播新技术媒体。教育电视已向智能化、网络化、融合化快速发展，成为了广义的教育电视或"新教育电视"，包括OTTV等四种形态。

2. 一方面，人工智能时代教育创新发展的过程是复杂的，是不断进化的，采用教育传播学中经典的布雷多克 7W 要素，便于去繁就简，从纷繁复杂的教育过程中把握关键，梳理主要研究节点与脉络。另一方面，也要看到，当前已进入媒介融合时代，各种传播要素与过程已经实现了相当程度的融合。在人工智能时代，教育电视面对教育传播新技术带来的挑战和机遇，应发挥自身优势，不趋同于手机、电脑等媒体的移动化、小型化、私密化，以教育传播学为指引，定位于教育内容传播，走转型发展之路。

3. 我们需要辩证认识人工智能对教育电视创新发展的影响。技术、制度、社会是相互作用的多元整体，教育电视的转型对教育和社会的影响是深远的，诸如对推动教育公平和现代化等，具有积极意义。但教育电视创新发展将是一个长期和不断试错的过程。

五 创新点

1. 提供了综合运用教育传播学与传播学、经济学相关理论解决问题的参考研究途径，对运用 7W 要素等教育传播学理论进行人工智能时代教育电视的创新发展进行了研究视角上的探索。

2. 在人工智能时代，教育电视的优势在于抓住媒体融合的机会，基于成熟的物联网及多屏互通、智慧家庭等技术，建立基于教育电视大屏与 VR、AR 的融合的"新教育电视"。探索了教育电视社会教育云与家庭教育云、个人教育云相结合的框架。尝试建立了转型影响因素模型，为相关研究提供了参考。

第二章 教育传播学视域下的教育电视概述

第一节 人工智能时代教育电视概述

一 人工智能与教育传播

在人工智能时代，人工智能技术与教学方法的整合，可以有效地促进深度学习。相关研究指出，仅仅通过技术本身难以提升教学效果，还需要与适当的教学方法有机结合才能有效提升学习效果。智能技术与教育之间需要保持一种良性的关系，同时使用恰当的教学手段，确保在人工智能时代将教育传播与技术结合起来，发挥教育传播的最大优势。智能技术改变了学习环境，教学环境的设计和教学方式也要随之进行变革，因此，教育传播不仅要革新，教育电视的发展也要与时俱进。

教育作为社会活动的一部分，其目的是实现人类更好的发展，马克思认为：人的发展是一个历史过程，受社会生产力和生产关系的制约。社会的发展和人的发展是互动互促、共同向前的，没有人的高度发展，就不可能促进社会的高度文明与进步，二者在历史的长河中是统一的。[①] 因此，社会历史和社会活动真

---

① 杨耕：《马克思主义历史观研究》，北京师范大学出版社2022年版。

正目的是人的发展。教育学家皮尔斯认为观念的意义需要人们的行动及行动的结果来验证，并在此基础上发展出了实用主义和"皮尔斯原理"。詹姆斯继承发展了"皮尔斯原理"，认为人的经验是认识的源泉。教育思想家杜威在此基础上将经验与自然、主体与客体、精神与物质看作是一个统一的整体加以认识，认为"教育即生活"。要让学生通过能动、主动的体验和感受来培养自己的创造力和逻辑思维能力等。斯宾塞和杜威都倡导生活本位论，认为教育目的应该和受教育者的生活联系起来，并认为"教育就是为完美生活做准备"，教育永远以实现人的更好发展为终极目标。

人是在社会中与社会相互作用的，传播作为社会活动的一部分，天生与教育有不可分割的联系。社会、人、传播三者的相互关系是教育的永恒话题。教育传播学作为教育技术学的一部分，其原点是教育，传播在一定意义上是教育的手段，在教育传播技术的帮助下更好地提升教育效果，使人更好地发展。在此背景下，作为教育的传播如何过滤噪音和杂质，实现教育电视转型？如何在新技术条件下拓展教育边界，提升教学效果？实现人的全面发展？这是教育传播学研究中需要思考的问题。

二　人工智能与教育电视

人工智能环境下的教育电视发展面临着复杂的媒体环境。一方面，教育的过程是复杂的，是不断进化的，以教育技术学的定义为例，美国的教育和技术协会（AECT）从1994年至今就发布了三个版本的教育技术学定义。而教育传播学因为跟快速变化的教育传播技术相关，其发展更为迅速。本文采用教育传播学中经典的布雷多克7W要素，便于去繁就简，从纷繁复杂的教育过程中把握关键，梳理主要研究节点与脉络。另一方面，也要看到，当前已进入媒介融合时代，各种传播要素与过程已实现相当程度的融合。各种教育传播的新技术将学习过程中的听觉、视觉、触觉多感官打通，出现了沉浸式学习、混合式学习，7W 的边界已被打破，如教师也是学习者，信息接收者也是生产者等。在我们的研究中，已发现在教育内容的生产实现了人机协作的背景下，OGC、PGC、UGC、PUGC 的融合，出现了 MCN 以及人工智能生产内容的 MGC。所有的技术发展最终目的应致力于人的全面发展，所有的技术都有两面性，我们需要发挥人的主导作用；教育传播的最终目的是实现人更好的向善，更好的发展，教育传播技术及教育媒介始终都应为此服务，这也应是技术的最终归宿。

现代社会已进入媒介化社会，万物皆媒，在教育传播学中布雷多克 7W 要素的框架下，作为教育技术的载体、教育传播学的重要研究对象，教育电视的转型实际上是在人工智能时代在媒介环境变化中的自我进化。保罗·莱文森（Paul Levinson）曾在《人类历程回放——媒介进化论》提出以"人性化"为核心的媒介进化理论。这里的技术人性化趋势其实是在强调人在媒介技术进化过程中的主观能动性。"技术延伸的动机是想象力，信息以光速传递是在模仿我们思想的速度，并试图以电子技术和光化学技术来满足我们的记忆和期待。"[①] 技术发展的目的与教育的目的达到了统一。

人工智能时代的教育电视可以发展为亲情媒体平台，以虚拟现实中的互动融合来促进现实中的融合，弥合工业化对家庭亲情造成的伤害。克莱舍基曾在《未来是湿的》中曾提到："未来在

---

① ［美］保罗·莱文森：《人类历程回放——媒介进化论》，邬建中译，西南师范大学出版社 2017 年版。

本质上是湿乎乎的，人与人之间可以凭一种魅力，相互吸引，相互组合。"① 而教育的目的是学会爱人，教育电视正是这样一种能有希望让人相互吸引，相互组合的工具。在传统的电子文化中，因为手机"低头族"等现象的存在，人际交往常常被手机屏幕等电子设备分散了。每个单独的人在社会中日益孤立、分隔、松散，其行为也更多是个体的和封闭的。而运用教育电视及其附加的体感附件，人与人之间不再是互联网上干巴巴的个体，而是可伸手触及的、充满情感的团体。在传统社会中，家庭成员会在现实生活中进行各种聚会，分隔两地的亲人通过电话和网络进行交流。而教育电视凭借互联网，将极大地放大家庭成员的兴趣交合点，以协同学习、体感互动、视频直播等方式，为家庭成员搭建更广阔的亲情媒体平台。教育电视将不再仅是播出教育电视课程，也可以通过其他设备如手机，播放自制的家庭短片，并通过网络形成电子社区。家庭成员将不再局限在客厅，而是可以通过大数据分析形成兴趣相投的新群落，其活动不仅包括传统娱乐，还可以在教育电视上发展出更多的基于数据处理的知识学习，进行多方位的交流，为家庭成员间提供除人际交往外的另一种多维度交往渠道，实现"做中学""学中做"，达到教育目的与手段的统一。

在教育电视作为家庭亲情平台的基础上，还可将其扩大到社会大家庭，促进整个社会的聚合。如传统社会中有各种因共同兴趣而形成的群体活动：车友在一起展玩改装的汽车、文人在一起练习书法与交流诗作。所以，作为手段的技术与教育目的存在动态统一关系。技术推动转型，转型催生新的技术，两者相辅相成，而作为教育的传播和作为传播的教育也是我们在转型发展中永恒的研究课题。

---

① ［美］克莱舍基：《未来是湿的》，胡泳、沈满琳译，中国人民大学出版社2009年版。

三 人工智能时代的教育电视创新发展

在梳理了教育传播学中的上述关系后，我们需要对教育传播学进行反思，有学者认为教育传播学是综合运用传播学和教育学的理论和方法，去研究和揭示教育信息传播活动的过程和规律，以求得最优化的教育效果（李华，1996）。

加拿大学者马歇尔·麦克卢汉曾提出"媒介是人体的延伸"，认为任何一种媒介的使用都会影响人的感知平衡，并产生不同的心理影响以及对外部世界不同的看法和反应。在原始社会，人的传播是视觉、听觉、触觉合一的面对面传播，但受时间和空间的限制。后来随着技术的发展，印刷术延展了人的视觉、广播延展了人的听觉、电视延展了人的视听觉，突破了时间和空间的限制。如我们现在可以在电视屏幕上看到重庆电视台科教频道播出的纪录片《北方的纳努克》，在时间上，它拍摄于一百年前；在距离上，它拍摄于离我们千里之外地方；而拍摄对象更是我们没见过的北极爱斯基摩人，但是技术在突破时间和空间限制的同时也造成了视觉、听觉、触觉上的分隔。在印刷时代，印刷品强化了人的视觉感受，却降低了人其他感觉器官的敏感度。人们阅读时视觉偏向会加重，这种偏向又弱化了其他感官。广播延展了听觉但牺牲了视觉，电视延展了视听觉但丢失了触觉、嗅觉等。随着传播技术的发展，VR、AR、MR 的出现，人们的视觉、听觉、触觉等又开始融合，而这种融合是突破时间、空间限制的回归甚至更高程度的扩展。出现了借助视觉技术延展人的视觉的方法和手段，如哈勃望远镜极大地延伸了人们的视力，我们第一次和宇宙如此接近，看到了从未看到过的东西，迎接了从十几亿年前奔来的光线。同时，我们还将视力延展到红外线等人眼所不能见到的光。我们通过卫星天线监听人耳本来听不到的、来自数十亿光年之外的电磁脉冲声音，并通过声音来观察星球的兴衰。我们用"旅行者十号"之类的人造探测器延长我们的脚步，走出太阳系。用航天飞机，用失重让"天人合一"中所向往的"遨游九天"成为现实。用机器人和机械臂去完成人的肢体无法完成的动作，代替人在人无法生存的地方去完成各种任务。用各种传感器去捕捉人体感官来不及或无法捕捉到的航天器的各种变化。各种设备内的光纤在宇宙探索中用光传输着包括声音的各种数据。声音本来属于听力的范畴，但我们学会了用卫星去撞击小行星，通过分析撞击的声音来了解小行星的内部组成，绘制我们看不见的行星内部结构图。传播在发展中实现了从裂变到更高层次融合的回归。教育也对应传播的发展实现了自我进化，而在不确定性、服务性、普惠性、变革性的特点下，教育电视也必须进行相应的转型。

第二节 人工智能时代的教育电视创新发展

一 人工智能时代我国教育电视的优势

教育是人类的财富，也是人类不断发展和社会进步的动力，为了使人类文明达到更高的水平，教育的思维理念和思维方式必须不断改进，而周围的一切资源都为教育发展创造动力，以便实现教育的高速发展。其中"教育电视"就是其他资源辅助教育发展的一种方式。在1950年后，西方发达国家教育电视开始发展，它作为教育的补充，也作为辅助设施，同时还是一种较为先进的教育模式和教育概念。教育电视的发展是一个漫长的过程，不仅需要在硬件上针对教育进行调试，还需要进行软件的适配。大量教育软件给学习的大众提供无数资源，它也是广播电视利用硬件基础对教育的传播、开发提供的一种新模式。电视教育最主要的目的是提高教育资源的覆盖率，让更多的人能够通过教育改变生活，提高大众的综合素质，促进社会的进步和健康有序的发展。教育电视的功能还体现传播内容的限制性，其传播的节目内容主要包括科学文化知识、基础学科理论知识等，我国的电视教育还有培养全面发展的教育人才的功能，为提高社会公民素质、为我国国民综合素养的发展做出贡献。

教育电视的普惠性意味着教育电视是社会公共的、公用的教育工具，它不是社会某个阶层固定占有的，而是大众共同拥有的。同时普惠性也被看作是为社会作贡献的行为，并且具有非营利性。广播电视作为一种媒介，能够及时地传递各种信息，是大众观察外界事务的窗口，也是整个社会的公共资源，它的使命是帮助大众观看世界、了解世界。广播电视能够对全社会的发展做出重要的贡献，体现在资源共享上，对政治、经济、文化的传播发挥重要的作用。中国教育电视在面对大众时，提供的多样化教育资源，以及其非营利性的播放模式，对于全民素质的提高有着重要的意义。

我国第一个官方电视台——北京电视台于 1958 年正式开播，随着时间的推移，各个城市都推出了符合地方特色的电视台节目。1960 年，北京电视广播大学成立，随后，中国的部分城市也成立了各地的广播大学。截至 1961 年，我国建立的电视台一共有 26 家。随着"文化大革命"的结束，全国经济不断好转后，电视台也开始进入高速发展的阶段。此时的教育事业也逐渐恢复，发展高等教育成为主要目标，高等院校开始招生，教育事业走上正轨。

自 1979 年中国广播电视大学成立以来，全国各个省市都开始建立自己的电视大学，不断改进远程教育系统，建立了电化教育馆，为了普及全国教育，后来随着技术的发展，电化教育馆还配置了网络。那时，不管是电视大学还是电化教育馆都有能力制作教学节目。由于受中央电视台的启发，电视教育不断发展。1981年，新疆教育电视台筹措预备试行播放，教育电视台应运而生。教育电视台的成立表明国家教育行政部门不仅希望它成为教学载体，而且希望它在制作和播放教育教学节目的同时，朝着大众媒体的方向发展，并逐步转型为专业电视台。

历经多年的发展，特别是改革开放以来，国家电视台积极响应党和政府的号召，贯彻教育政策，不断提高师资水平，搭建了学习资源平台。目前，全国一共有 70 多个教育电视台，属于国家级别的教育电视台有中国教育电视台，属于省级别的教育电视台共有 7 个，其他教育电视台分布在全国多个城市，覆盖面广，涵盖全国多个省份。地市级教育电视台可以播放中国教育电视台的部分节目，也可以制作具有地方特色的教育节目，但是收视情况大多不尽人意。目前，教育电视台的受众人群主要是从事教育职业的工作人员、学生及其家长、从事该专业的技术人员、个体经商户、职员等。节目也有多种多样的形式，主要有：新闻类、采访类、论坛类、竞赛类和专题类。教育电视台是国家教育行政部门的代表，具有教育普惠性，也属于国家公共教育服务机构。

目前，新兴媒体平台逐渐占领了传统电视的市场，一批以互联网为传播基础的试听内容服务已经逐渐被大多数电视受众所接受，OTT（Over The Top）（互联网机顶盒）、IPTV（交互式网络电视）、VOD（视频点播服务）等电视媒体服务彻底改变了传统电视内容在时间上的线性禁锢，受众第一次可以在电视平台上自由选择其想观看的内容。这深刻影响了整个电视行业的发展思路，同时也必然影响着教育电视的发展与转型策略。目前，虽然传统电视的市场与用户饱受网络公司与网络平台的侵蚀，但就"家庭大屏"而言，电视仍然有其不可替代的家庭属性和客厅属性，而教育电视也具备这样的特性。随着5G、人工智能、云计算等新技术在各行业的应用，传统电视产业也必将与新兴科技实现深度的融合，在不断试错中寻求发展道路。因此，教育电视在此历史契机下，应坚守其固有优势，寻求历史发展机遇，主动面对行业冲击与技术变革带来的挑战。因此，我们需总结并且研究在新一轮产业革命下教育电视的优势。

（一）导向优势

教育不仅是国之大计，对于个人而言也是世界观、人生观、价值观形成的决定性因素。中国家庭普遍重视教育资源和教育质量，因此，对于教育平台的导向性和可信度极为关注。

目前，"电视+教育""互联网+教育"蓬勃发展，各类教育平台、教育机构、教育课程、教育模式层出不穷，学习者有了更丰富的选择。但用户逐渐发现，其中的教育水平参差不齐，更严重的是个别平台和课程出现了教育导向的严重偏差，这对于学习者特别是青少年学生的"三观"和人格培养有重大伤害。教育导向无法保证，成为了学习者担心和排斥的因素，也成为教育电视在公众可信度方面的难题。

而电视作为传统媒体，延续了注重传播导向的传统，其制播人员也具备专业的素养。以党和国家的教育方针、政策为指导，宣传正确的人生观，不断提高全体群众的精神文明水平和综合素质，一直以来都是传统媒体的重要职责。作为党和人民的喉舌，传统媒体始终将正确的舆论价值导向列为工作方针。这既是教育电视制作优良节目内容的方针，也是与其他线上教育平台的主要差异。

（二）教育优势

教育传播的信息理论、媒体理论以及效果理论对现代远程教育的有效开展提供了较为扎实的理论支撑。而中国教育信息化的重要环节教育电视必将受到电视产业以及整个工业体系配套升级的影响，在教育传播学"7W"的理论视域下，我们可以将教师或者教育电视的信源转型，视作互联网思维在远程教育从业者当中的普及与普遍应用。关于教学内容的转型，我们在先前数字技术应用的浪潮中可以看到，电视产业已经从"模拟"迅速转变为"数字"，而随着大数据进一步的介入，教育电视将面对由内容向数据的转型。教学内容的用户反馈数据化是教学内容转型的一大趋势。以往的教育电视在播送过程中对于用户对内容的反馈知之甚少。而用户对内容的反馈可以帮助内容的制作者了解教育电视用户的收视喜好、收视需求，甚至消费习惯。这些信息在大数据介入教育电视产业之后，都将以数据的形式反馈给教育电视内容制作者。而内容制作者则可以利用这些数据，通过机器学习及人工智能程序，为特定的用户提供相应的内容。这样的数据与内容反馈可以有效地吸引用户、培养用户使用黏性，以及做出更为有效的内容或者广告推送。与此同时，大数据所提供的数据反馈机制也必将带动教学效果的进一步优化，教学内容体量将进一步扩大。未来将有大量教学内容数据在云端储存，以供受众选择。

在教学媒体的转型方面，从教育传播媒体理论角度出发，媒体即教育信息的承载主体。不同的媒体介质将会对信息传递方式、信息形态、学习方式等产生不同的影响。而深度融合期的教育电视，将面临媒体平台升级及终端升级这两大领域的转型。媒介深度融合加速了各个传统行业间边界的模糊进程。传统的教育电视在转型中，也不得不顺应"互联网+教育电视"的潮流，进行平台升级；整合反馈的行业发展趋势，围绕数据，构建"云媒体资产平台"为主框架的新型影音传播系统；而终端升级，则要着眼于用户端及与用户联系最为紧密的"屏幕"定制。在深度融合的背景下，传统的电视已经不再仅仅指代有线电视传播与服务系统，新晋的网络电视、点播视频等服务逐渐进入越来越多受众的客厅，冲破了电视屏幕的定义界限，形成了"家庭大屏"的全新概念。而网络与通信技术的不断发展，尤其是未来5G技术的普及与大规模商业运用，将进一步实现物联网的布局，进而为整合家庭客厅终端、个人移动终端，甚至是各种公共终端，例如公交移动终端及其他各种媒介终端提供条件，将屏幕背后的终端差异抹平，进而形成"定制内容随处可见"的媒体形态。

平台升级和终端升级这两大媒体转型将对教育电视的传播媒体产生重大影响，同时也作用于教学环境的转型。届时，对于用户来说，不论大屏小屏，室内室外，屏幕即介质，内容在云端。传统的教育电视所面向的教学对象是大众传播学中所标定的受众。而大众传播学中的受众与教育电视的信息在方向上呈现出单向传播的特征，在时间上呈现出线性的特点，因此，受众无法选择教育电视所提供的教学内容。而互联网的加入直接冲击着既有的单向、线性传播模式。

随着近些年OTT互联网电视服务、VOD视频点播服务以及IPTV交互式电视服务等一系列互联网衍生产品的出现和普及，新兴业务正以极快的速度侵蚀着传统的有线电视市场，掠夺着传统有线电视的用户群体，培养着用户新的收视习惯。在西方一些国家，学界将互联网视频点播服务侵蚀传统电视行业份额的趋势形容为"切断电视线"（Cord Cutting）。在我国，从近年来的数据来看，我国有线电视网络收入在逐年减少，而 OTT TV、VOD、IPTV 的收入均有较大的涨幅。同时，新兴的互联网电视及视频点播服务以其深度的交互性，赋予了受众选择的权力，打破了单向传播以及线性播放的禁锢，顺应了受众的收视需求，因此，"互联网＋电视"的电视产业发展大趋势已势不可挡。而教育电视存在于整个电视产业与互联网产业融合发展的潮流之中。互联网服务的加入改变了电视使用者的使用及消费习惯。因此，教育电视面对的教学对象相较以往，在内容和时间上拥有更大的选择权力，在使用上更注重交互性。

（三）协同优势

首先，教育电视应守好其固有的优势，即作为"家庭大屏"可以营造更加浓郁的学习氛围。作为主要的客厅媒介，"家庭教育大屏"可以使全家人被动地参与学习过程当中，并且可以在吃饭、休息等一些零碎时间为受众"充能"。这为教育环节"家""校""生"元素中"家"这一元素参与度不高或者配合不到位的问题提供了解决解决办法。

与此同时，随着大数据、云计算与各行各业，包括电视产业的深度融合，家庭教育的体验感持续增强。在"互联网＋"时代，教学行为趋于信息化，即利用信息技术打破或者改良原有的教与学的行为，使教学行为不再受到时间与空间的局限；教学信息更加数据化，也就是信息即数据，而数据在云端。校方可通过云端统计来实现对教学的管理与内容的搭建；用户也可通过云端共享真正实现按需学习；而平台也可以利用计算机、人工智能等技术分析用户大数据来掌握用户需求，精准投放内容，精准吸纳用户，进一步实现盈利。

大数据、云计算也将助推教育电视的内容供给端改革。一方面，大数据可以通过用户的反馈来识别内容质量的优劣；另一方面，云计算的高效率则可以加速教育电视内容生产环节中优胜劣汰的生态循环。

而随着 VR、AR 互动平台的搭建与 5G 技术更高信息传输效率的应用推广，远程家庭电视教育必将给用户带来新的体验。如果说教育信息化已经将原有教育模式中时间、空间（地点）的局限打破，那么 VR、AR 技术的应用则可将教育电视的沉浸式学习体验带给受众，从而进一步提升教育环节的互动性；同时也将彻底颠覆固有的教育模式，即受众从传统的限局域、限时间获取教育信息，到教育信息化的跨局域、灵活时间调度，再到新的交互式超局域、超时空沉浸师生交互。而教育电视作为基于客厅的"家庭数码港"，必须抓住机遇，深度融合，以其传输稳定、信息安全等优势强势领跑新一轮的教育变革。

二　建构主义学习理论与教育电视创新发展

建构主义学习理论认为学习是一个高度个性化的知识积累过程，而不是教师将现存的知识生硬地传授或灌输给学生。同时，学生通过与外部情境（社会文化背景）交互联系来获取知识，并在这一过程中，将之与自己原有的知识经验结合在一起，建构一个完整的知识整体。因此建构主义学习理论认为："情境""协作""会话"和"意义建构"是学习环境中的四大要素或四大属性。

建构主义学习理论提倡"以学生为中心"的教育思想，认为学生必须通过自由选择而成长起来。要求教师在教学活动中要引导学生自主学习、主动创造，关注培养学生自主接受教育的能力，营造一个民主、和谐的有趣的课堂，一个良好的课外学习环境。这一系列的思想彻底颠覆了传统教育中学生被教育的地位。建构主义学习理论突出了学习者的主导地位，但又不失教师的引导作用。教师的意义是帮助学习者，促进知识的转移和建构，而不是让学习者被动处理外部的信息刺激。

在上述思想指导基础上，美国教育心理学家布鲁纳开发了一系列"以学生为中心"的教学模式：支架模式、抛锚模式、随机模式。这三种模式的共同点均在于教师的任务是搭建起学习的基本框架，并引导学生进入学习情境。随后便是学生独立探索，自主学习或小组协助学习阶段。最后教师再作学习效果评价。这一系列的活动均与现代开放教育活动极为相似。

此外，建构主义学习理论还在一定程度上运用了信息资源。在支持学习者探索完整的学习过程中，提供各种信息资源是十分重要的（包括各类媒介和教育材料）。需要强调的是，这里的各类媒介并非是教师使用的，而是指能够帮助自主学习和探索的媒介。而教师的作用则是培养学生利用这些媒介，解决何时如何有效地使用媒介的问题。这些教育思想，在开放教育资源（OER）的建设与运用中是被广泛认可的。

教育电视涉及的一系列教学活动，都能看到建构主义学习理论的存在。学习者利用开放的教育电视资源进行学习是一个主动、积极的对于知识信息汲取、加工、解释和综合的过程。这种学习过程具有强烈的自主学习特征，即学习者利用信息技术探索、发现，以提升学习的创新能力和实践能力。特别注重自身建设、探索、自主学习方法的发现，研究和基于具体情境，解决问题。在教育电视向"电视+教育"的转型过程中，支架模式尤其值得参考。

教育电视伴随教育环境的变化有了相应的发展，教学对象体验已发生了进化，即从洞察力到体感力的进化。所谓洞察力，我们认为是在传统信息时代，人们通过一定思维活动，寻找事物因果关系和客观规律的能力。而体感力是指在教育传播新技术背景下，人们在云计算和移动智能终端帮助下，以感官直接接受外界刺激而实时发现事物相关性的能力。媒介融合已经跨越功能融合的阶段发展到数据融合阶段。从这个角度来看，教育电视在其中起到了桥梁作用，这种作用从某种程度上实现了技术发展和教育发展的融合，可以说是基于人自身感官的融合。媒介即人体的延伸在此背景下变成了数据是人体的延伸，教育实际上是对数据的分析与处理，它在一定意义上与人的感官全面融合，发展为集视觉、听觉、触觉、嗅觉等为一体的学习。数据是人体的延伸，是因为媒介可看作是人听觉、视觉的延伸，虚拟现实技术如3D、4D电影和体感游戏、力回馈手柄等的引入，让媒介甚至成为了嗅觉和感觉的延伸，如4D电影通过在观众席中喷水雾，用可以在三维空间进行各种运动的椅子，为观众制造身临其境的加速感和失重感等。而人体的各种器官是一个整体，各种器官的感觉是相互影响的。由此推论，各种媒介作为人体的延伸，它们实质上也是相关的、相互影响的。未来发展的方向应是追求所有家电、家具智能化，通过物联网进行联结，通过大数据挖掘和云计算完成对数据相关性的处理。而人与电子产品的交互均以模拟人的自然生理方式进行，并通过智能手表、谷歌眼镜等穿戴式设备，凭借移动智能终端，在移动互联网的联结下，让实时信息刺激与交互成为人体的一部分，融入日常生活，实现所见即所得，所得即所用。而作为教育传播新技术背景下教育数据处理平台的教育电视将是其中的关键支架。

三 "知沟"理论与教育电视创新发展

在信息社会时代，教育资源的不均衡进而带来的信息获取上的不公平。特别是在媒介融合时代，各种媒体的差别因媒介融合渐渐缩小，很多媒介不再是内容提供商而只是数据处理商。任何人都是一个数据入口，其任何活动都在不经意间受到教育公平的影响。因此，教育公平上的差异因为技术的进一步发展而进一步加剧，教育公平从没有像当前这么重要。

在教育公平领域，教育传播学涉及"知沟"和"数字鸿沟"两种理论。1970年，美国学者蒂奇纳等人提出了"知沟假设"，认为："随着大众传媒向社会传播的信息日益增长，社会经济地位高的人将比社会经济地位低的人以更快的速度获取信息，这两类人之间的知沟将呈扩大而非缩小之势。"[1]

在我国教育现代化和教育信息化的现代教育布局中，教育平等问题一直以来就是学界和教育工作者关心却又矛盾丛生的问题。而在电视平台推广教育资源，可以最大程度地照顾经济发展欠发达的地区。教育内容上星上网，人们只要可以使用电视，便可以接收电视平台上的教育信息内容。教育电视为达成更加开放、协作、共赢的教育现代化精神内核提供了动力，也最大限度地为教育平等问题提供了解决的途径。

电视的传播优势主要体现在普及性和开放性。中国教育电视的早期代表之一便是广播电视大学，2012年7月31日，国家开放大学正式揭牌成立。从名称上看，教育电视传统的开放性得到

---

[1] 丁未、张国良：《网络传播中的"知沟"现象研究》，《现代传播》（北京广播学院学报）2001年第6期。

了加强，为人民继续提供公平开放的教育服务依然是广播电视大学的特色和职责。电视已经走进千家万户，教育电视在网络、技术、设备、终端、用户等方面具备了明显的资源优势和传播优势。特别是在较为偏远的地区，电视的普及优于移动通信网络，电视的收看也不会受到类似非智能手机终端的影响，其传播范围和效果具有优势。教育电视在助推教育平等的问题上还可以最大限度地节省困难家庭的教育开支。而随着电视产业的深刻变革，点播、沉浸式传播、交互式传播等用户行为也将使用户根据自身学习需求主动积极地各取所需，提高教育电视的传播以及使用效率。

与其他网络教育资源相比，教育电视的普惠性也得到了传承，具有传播优势。虽然互联网教育平台和资源非常丰富，但购买课程的现象较为普遍，要享有这些教育资源，用户必须支付一定的"学费"才能观看。以爱奇艺、优酷等视频平台为例，在教育频道或教育版块里的节目，不少都标注了"付费"或"VIP"字样，需要单独购买该课程，或者选择成为该平台的付费会员从而观看付费课程。而一些专门的慕课学习网站或是教育培训机构的在线平台，更是需要资金投入且学费不低，这无疑提高了公众学习的成本，同时也将部分人群排除在外。而教育电视本身具有向公众传播教育信息、为公众提供教育服务、提升公众教育水平的社会职责和功能。因此，不管是教育电视台还是地方电视台的教育频道，其教育类节目和课程均面向电视大众进行开放式观看和学习，其制作成本和维护主要来自政府的拨款和商业资本的投入，公众只需为电视或频道整体支付低廉的年费或月费。对用户而言，教育电视的学习成本可以极大地降低。

第三节　人工智能时代电视创新发展的理论模型

一　布雷多克"7W"要素与教育电视的创新发展

教育电视是我国教育行政部门管理下的现代教育手段与主流教育媒体。因此，新教育传播技术背景下教育电视的创新是一种国家行为，同时也跟具体实施的教育部门紧密相关。因此，我们讨论的创新，应该从国家创新体系的角度，从和不同教育传播机构联合与分别地推进创新和扩散入手，重点考察教育电视创造、储存和转移知识、技能及新技术的相互关系与联系。考察整个教育电视系统的相互影响与运转模式，同时也考察在媒介融合、大数据、人工智能等新的教育传播技术影响下各种教育传播要素和教育传播条件的"新组合"对整个教育传播体系的影响。从而为新教育传播技术背景下教育电视创新提供有益参考。

在"大数据""云计算""智慧教育""沉浸式教育"等新概念、新技术层出不穷的今天，笔者尝试对教育电视的转型和创新的联系与区别进行探索：转型是创新的前提，创新是转型的深入，而目前的研究只限于转型。如前文所述，"转型"主要用来描述传统社会向现代化范型社会结构的转换。其中"型"可以被理解为对社会整体结构模式包括经济、政治、思想、文化、价值观念等结构要素的一个高度概括，"转型"意味着对社会结构模式的全面、整体的变革。由此，本书将教育电视的转型定义为：新的教育传播技术的引入导致教育电视全面、整体的变革，涉及教育电视在信息源、教学内容、教学媒体、教学对象、教学效果、教学目的、教学环境等所有领域的转换和改变。教育电视创新发展,既是教育信息化的必然要求和教育现代化发展的必然结果,也代表了教育电视这一主流传统教育技术媒体发展的方向。对与教育电视相关的各种生产要素和生产条件进行"新组合",从而引起教育电视链及整个教育电视体系的变革与进步。它们都是教育电视面对技术进步和媒介生态变化作出的回应,但在程度和深度上存在差别。

在厘清了转型与创新的关系后,教育电视如何进行实质上的转型,如何让转型更好地为教育服务?如何让教学对象接受教育电视创新发展后的"新教育电视"?本书认为,"新教育电视"的转型推广主要应考虑两个问题,第一,要"推得动","新教育电视"是一种新的产品,要使教学对象对其产生使用愿望,愿意将传统教育电视转换为"新教育电视"。第二,"守得住",即"新教育电视"相对传统教育电视增加的新功能,要让教学对象能够持续使用而不是中途退出。

从单纯市场经济的角度来看,"推得动"是经济学中的"有效需求"问题;而如何"守得住",涉及经济学中的"边际效应"原理,即教学对象在逐次增加 1 个单位消费品的时候,其总效用是相应增加的,但到达临界点后,每一个消费品所带来的单位效用却是相应递减的。因此,虽然"新教育电视"刚开始在功能上有较大增长,但是当边际值为负时,"新教育电视"对教学对象发挥的效用却可能会递减。如果这种情况一直持续下去,教学对象可能会最终放弃对"新教育电视"的使用。

二 "使用与满足"理论与教育电视创新发展

要实现"教育电视"的顺利转型,我们必须在考虑整个教育传播新技术背景下的社会条件基础上,从教学对象的接受心理和行为出发进行转型推广。在这方面，我们可以借用传播学中经典的"使用与满足"理论，即将媒介接触行为概括为一个社会心理因素加心理因素（媒介期待—媒介接触—需求满足）的因果连锁过程，把受众看作是有自身"需求"的个人，把他们的媒介接触活动看作是基于自身的需求来"使用"媒介，从而让需求得到"满足"的过程。1974年传播学家卡兹等人在《个人对大众传播的使用》一文中，提出了"使用与满足"的基本模式，日本学者竹内郁郎对其又做了若干补充。在"新电视教育"背景下，学习者接触的是人工智能等技术，所以，我们在竹内郁郎的补充的图示基础上，将"社会条件"一词修改为"人工智能"一词，以适应当下电视教育的"使用与满足"理论模型（见图2-1）。与传统的使用与满足理论不同的是，人们的心理需求是由技术因素和心理因素共同决定的，对于教育电视来说，技术本身是基本需求，而不同的技术发展阶段会出现不同的技术。在目前智能教育时代，人工智能构成了教育电视的技术基础，影响人们需求更多的是技术（人工智能），在此模型中，将社会因素用人工智能替代。后续的使用与满足因素延续原有的模型，同样适用于新电视教育的理论模型。

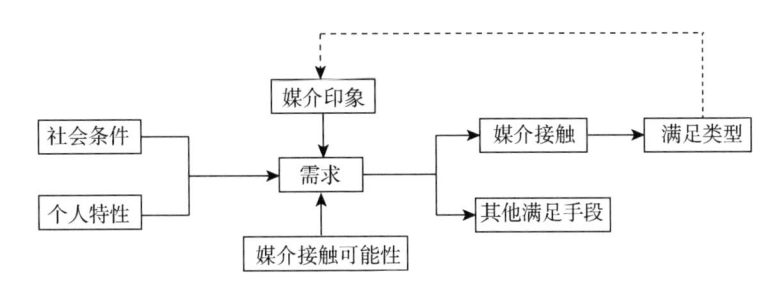

图2-1 "使用与满足"理论示意图

根据此模型，教学对象根据自身需求接触新教育电视相关内容，在完成使用后依据适用感受做出评判，若教学对象的需求得到满足，那么会加强对新教育电视相关的内容的好感，留下好的媒介印象，当下一次有需求时会继续使用该媒介。若教学对象的自身需求没有得到满足，那么将会舍弃接触该媒介，选择其他的教育方式。在此过程中还应注意教学对象不选择接触新教育电视的原因。

三 人工智能时代教育电视创新发展的理论模型

"使用与满足"理论植根于当时的社会背景与技术条件。而教育传播新技术背景下我国的教育电视发展，却有着自身的不同特点：如我国教育电视和骨干数据传输企业均属国有垄断，仍带有事业及企业双重属性；教育电视创新发展的背后存在更多的政府力量；我国社会经济条件和发达国家有差距，在教育电视的创新发展推广中，即使教育电视具有公益性与普惠性，但一系列教育电视设备和教育电视增值服务仍需付费，而广大教学对象对价格十分敏感，更容易出现边际效应递减等现象。因此，我们必须根据我国实际条件对上述模式进行相应的发展改造，建立起契合我国实际情况的"新教育电视"转型推广"使用与满足模型"（见图2–2）。

在上述模型中，我们提出了如下假设：(1) 在中国当前实际情况下，教学对象的教育电视需求主要由其个人特性（如受教育程度、个人喜好等）和教育传播新技术背景下的教育环境（社会经济条件及大数据技术发展水平等）两方面因素共同影响。(2) 教学对象是否采用创新发展后的"新教育电视"取决于教学对象的教育电视需求（受个人特性和大数据社会条件影响）、对教育电视的期待和对教育电视价格的敏感性。(3) 教学对象的教育电视需求在我国当前条件下将由国家政策过滤，只有符合国家政策的需求才能成为大规模行为。(4) 采用"新教育电视"并继续使

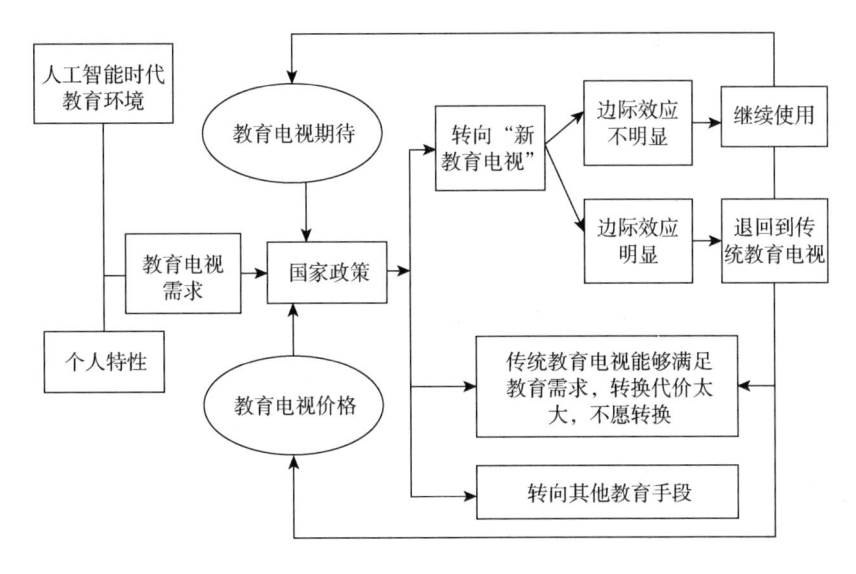

图 2-2 人工智能时代教育电视创新发展的"使用与满足"理论模型示意图

用的教学对象、采用"新教育电视"又中途放弃的教学对象和坚持只使用传统教育电视的教学对象的行为都将影响教育电视价格、教育电视期待并最终影响"新教育电视"的转型推广和政府相关政策的制定。

在上述假设中教育环境、教育电视需求、教育电视期待、教育电视价格是四个关键因素，四者相互关联、相互影响，构成了我国教育电视创新发展推广的核心。在我国，教学对象对教育电视的需求是由其个人特性和教育环境，如国家对教育电视的相关政策，教育环境的不确定性、隔离性、变革性等共同决定的；在个人教育电视需求基础上，教学对象通过对教育电视价格和教育电视期待的权衡决定是否采用教育电视。这是教育电视创新发展推广能否成功的关键；而在转型推广取得初步成功后，我们还要不断开发满足教育传播新技术背景下教学对象需求的教育电视业务，让教学对象觉得物有所值，解决教育电视受众边际效应递减的问题；前期创新发展的顺利与否又会对教育电视价格和教学对象的教育电视期待产生影响并最终带来国家政策的变化，并影响教育电视后续转型的顺利进行。

人工智能技术具有独到的技术特征。一是具有自主性，这是人工智能的核心属性，随着环境、数据的变化，人工智能会做出相应的应对方案。二是进化性，人工智能技术具备学习知识、运用知识的能力，能在训练中快速进化升级，具备"终身学习"的能力。三是可解释性，人工智能具备自动分析和预测的功能。四是速度与耐力，人工智能技术克服了人的生理机能限制，可连续执行危险的、机械性的工作，工作效率远超人类。人工智能的技术可以满足人类多样的需求。从教育环境上来说，因目前已进入人工智能时代，其发展迅猛，人工智能创造出新型的集合数据资源最大化、教育功能多样化的教学环境，人工智能可以最大限度地弥补教育电视领域的技术缺陷。从影响教育电视需求上来讲，价格和需求是主要因素。目前人工智能主要应用在教育、医学、工科等多个领域，人工智能技术逐渐普及化、生活化，成本方面有下降的趋势，人们在权衡教育电视的价格后更愿意做出购买的选择。从教育电视的需求上来讲，新的传播技术可以创造和满足人们的需求，人工智能技术为人们在教育电视方面提供更多的可能性。《"十四五"国家信息化规划》中明确指出，要推进信息技术、智能技术与教学融合的教育教学变革，需要利用技术赋能，推进教育的创新与改革。在该政策背景下，人工智能时代提供了教育电视创新发展的可能性。

在人工智能时代下，我们可以根据上述理论假设来阐释该模型。人们的电视教育需求是在个人心理特征和人工智能教育环境两个因素共同作用下决定的。

第三章　教育电视的发展历程

第一节　国外教育电视的发展历程

一　美国

美国广播电视自诞生以来就与商业紧密结合在一起。美国广播公司、哥伦比亚广播公司和全国广播公司三大商业电视台占据了美国电视市场90%的份额。商业电视一直是电视产业的主要形式。但是，过于商业化的电视节目并不能满足社会福利的需要，观众对教育内容丰富、文化内容丰富的电视节目也有一定的需求。基于现状，美国开始尝试建立不同于商业电视运营模式的公共电视系统。公共电视是建立在文化价值观、教育使命和社会平衡价值体系之上的。

美国公共电视的独立性、普遍性、多样性和差异性原则要求其避免被政治或商业集团控制，还要肩负起一定社会责任。所以美国公共电视台的节目制播既要满足不同群体的需要还要保证节目的质量和种类，同时还不能像商业电视一样过分迎合观众的喜好。美国公共电视发展至今，节目内容涵盖了科学、历史、纪录片、艺术和儿童节目等多个方面。

美国公共电视台的资金来源除美国公共广播局的资助外，还包括会员费、政府拨款、商业赞助、基金会和社会捐助等。根据美国公共广播中心收入数据，公共电视的最大资金来源是会员费，占比达到25.2%。其次是经营收入、州政府赠款和美国公共广播剧，三者占比都在15%左右，其中商业赞助只能冠名赞助而不能直接播出产品广告，因此企业的赞助意愿占比并不高。

来自私人基金会的资金在美国NETRC发展的早期阶段起到了关键作用。1952年，美国联邦通信委员会发布了第6号命令和一份报告，授权保留242个电视频道用于电视教育。同年，国家教育电视广播中心由福特基金会资助成立。1953年5月，休斯顿大学在美国建立了第一个教育电视台KUHT。经过逐步发展，美国教育电视台成立了。卡内基基金会于1965年成立了卡内基教育电视委员会，并于1966年发表了一份题为《公共电视：行动纲要》的研究报告，报告中描述和论证了教育电视的许多潜在功能，认为教育机构应得到更多的支持。报告指出，电视作为公共教育、社会教育的工具不能仅仅局限于宣传功能。公共电视要想获得发展，对社会产生积极影响，首先要超越传统教育的框架，改变大众对教育电视的观念，利用教育电视覆盖面广、节目形式多样的特点为公民提供优质的教育节目，弥补美国教育体制的缺陷；帮助美国人更全面地了解自己的生活环境，培养公民意识，更好地适应新时代的变化。其次是为各种艺术形式提供一个展示平台，并为艺术家提供支持和帮助，通过电视节目传播艺术理念，培养美国公民的审美。公共电视的宏伟目标是要构建一个"以开放和多样性为荣"的社会。[①] 除此之外，这份报告还指出教

---

① 参见郭镇之《美国公共广播电视的起源》，《新闻与传播研究》1997年第4期。

育电视的"教育"一词限制了它的服务范围,并建议改为公共电视。认为使用公共电视的称谓不仅可以强调其服务范围广,还可以突出普惠性,有利于改变人们对于教育电视说教的刻板印象。

1967年,美国总统签署了《公共广播电视法》,该法规定了美国国家公共广播系统的基本结构,并根据该法成立了公共广播公司(CPB)。公共广播公司(Public Broadcasting Corporation)是一个非政府、非营利性组织,它与后来成立的公共电视网(PBS)和公共广播网(NPR)组成了美国公共电视系统。经过几十年的发展,美国已经形成了一个完整的电视网络,拥有1000多家商业电视台和370多家公共电视台。公共电视台一般按归属分为四类:(1)州或市政府和国家教育部门。(2)大学。(3)城市教育部门和中小学管理机构。(4)公共团体,不在大城市公共广播电台和电视台播放广告的非营利组织,由联邦政府和行政机构的资金和基金会捐赠。目前,美国公共电视网络约有9600万家庭用户。

美国的电视教育节目趣味性很强,寓教于乐的教育节目为美国公共电视台带来了相对稳定的受众群体和不错的收视率,这是美国公共电视台良性运转的基础。在这一基础之上,美国公共电视台又发展出一系列新的发展模式并产出了大量高质量的教育节目。除此之外,美国公共电视台还是重要的思想传播平台,节目需要面对美国社会不同阶层、种族,在制作时就必须兼顾不同群体的需要。

二 日本

日本的教育电视台由日本广播电视协会发展而来。日本广播电视协会的意义在于配合学校教育和社会教育、实现受教育机会均等、提高国民教育水平。

自 1953 年日本广播电视协会（简称 NHK）开始电视业务起，教育类节目和教养类节目即成为电视播出的重要内容。① 20 世纪 60 年代初，日本民营电视台中开始涌现出一大批播放教育电视节目的电视台。之后几年日本电视产业竞争加剧，迫于经营压力东京 12 频道和日本教育电视台转变为综合电视台，NHK 成为日本唯一的教育频道。1979 年日本政府拨款 2.93 亿日元扶持教育电视台的发展；1982 年日本 NHK 开始推出终身教育、教养类节目；20 世纪 90 年代 NHK 开始采用"混合编排"的节目编排方式，受众可以根据自己的喜好选择某一时间段收看节目；进入 21 世纪 NHK 已经不再局限于学校教育的内容，开始大范围拓展节目内容；在 2010 年《国内放送节目编排基本计划》中 NHK 提出打造面向未来的教育专业频道。

NHK 虽然采用的是公共广播电视体制，其经营独立于政府部门。但是，日本政府部门在日本教育电视发展的过程中，还是进行了干预和调控。在管理结构上，NHK 的管理机构执行委员会每年都要向政府部门提交预算报告、运营计划和其他报告并按照流程进行审批上报国会，所以 NHK 和 BBC 类似，具有一定的官方性质。除政府干预之外，NHK 的各项职能也有相应的法律来进行约束，比如《放送法》中明确规定 NHK 必须承担教育、教养之功能，《广播法》第七条规定 NHK 在提供优质电视广播节目的同时还要致力于推动和接受新的电视广播技术。NHK 在节目设置上充分考虑了青少年学生可能遇到的各种学习、生活场景，既有针对学生课外学习和娱乐的《第二课堂》《校园真人秀》，也有全国的小学生通过各种途径参加节目制作的受众参与型节目《天才电视君》。这些节目十分贴合青少年对教育电视的各种需求，在学

---

① 参见郑洁、高昊《日本 NHK 教育频道的发展启示》，《电视研究》2013 年第 4 期。

校的教育环境之外建构出一个适合家庭教育的、符合家庭需要的教育环境。以节目的形式设身处地地根据学生的成长状态、生存环境等因素建构出适应不同年龄段学生的教育环境，不只是局限于满足学生自身的需求，而是在满足需求的前提下挖掘学生的本能，引导和培养学生的兴趣。在新技术日渐成熟的背景下，NHK积极发展互动电视，在交互方式上实现突破。建构在互动技术之上的节目打破以往教育电视节目中学生被动、单向接受教育内容的传播模式，使学生变成了教育节目的一部分，在内容和形式两个层面上创新了教育电视和教育节目的发展方向。

三 英国

英国是公共电视的发源地。早在 20 世纪 20 年代，英国就开始尝试发展无线电广播。一些无线电爱好者和无线电设备制造商对无线电广播进行了不同程度的探索。随着英国广播事业的进一步发展，收音机厂商预见到无线广播所蕴含的巨大商机，开始加入无线广播的竞争，他们向英国邮局申请广播电台。随着越来越多的申请者的涌入，原本就稀缺的无线频段资源变得越来越少。英国政府认为有必要控制和管理无线电广播波段。1922 年 10 月 18 日，马可尼、通用电气、英国汤姆森休斯顿等多家财团共同出资 6 万英镑成立了英国广播公司。[①] 当时成立的机构虽然不足以发展为后来的公共广播电视服务机构，但是为其实现向公共性质机构发展提供了条件。1922 年 11 月 14 日，BBC 的第一个广播电台在伦敦开始广播。1923 年英国广播公司正式获得邮政总局颁发的运营执照，正式将公共媒体作为自身发展的根本。1927 年英国广播公司进行重组，由原来的商业机构改组为公共公司，之后作

---

① 参见单舒亚《英国公共媒体发展研究》，硕士学位论文，湖南大学，2015 年。

为公共公司垄断了英国广播市场近三十年。第二次世界大战期间英国广播公司在战时宣传方面起了重要作用。之后，英国实行凯恩斯主义经济政策，大力推进社会主义民主改革。他们采取了许多民族化、福利化的国家政策，英国广播公司作为公共事业部门得到保留。①

　　1954年颁布的《电视法案》授权建立一个以广告费为主要收入的电视台和BBC竞争，并命名为独立电视台（Independent Television，简称ITV）。刚组建的ITV无论是在公司结构还是在服务职能上都与BBC高度重合，以商业广告收入作为运营费用的ITV在经费上比依赖政府财政拨款的BBC更有优势。在ITV的冲击之下，BBC的收视率开始不断下滑并在1957年创下了27%的历史最低收视率。为了摆脱困境，BBC开始转变发展思路，开始重视受众，根据观众的喜好制作节目，重视节目效果的反馈，以此提高收视率、扩大用户群。1962年6月，英国广播公司开始实行新的运营策略，执照费成为广播电视台运营的主要资金来源。1972年，英国广播公司再次迎来改革，经过调整重组的英国广播公司开始脱离政府部门独立运营，将维护公共利益、为英国国民服务作为自己的发展宗旨。

　　英国公共媒体的运营方式是通过公共媒体运营商的参与，交叉运营，为受众服务，产生效益。目前，英国公共媒体的运营模式主要有两种：政府主导型和社会权力主导型。两者既有相似之处，也有不同之处。政府主导型的做法是，政府从宏观上引导公共媒体，另外，政府运用微观管理手段，对公共媒体的经营方式、财政收支、人员调动、节目安排、节目质量等进行控制。社会权力主导型的特点是资金来源更加多样化，其核心特征是领导

---

① Jochen Spangenberg, *The BBC in Transition*, Deutscher University Vertrag, 1997, p.26.

人选举的集体认可、公共媒体组织结构和主要政治原则。然而，公共电视的发展离不开媒体与政府关系的影响。尽管公共媒体与政府有很多接触，也受到很多限制，但视听费仍是一个主要的经济来源，这使得公共媒体可以对政府进行监督。因此，BBC的经营理念代表的是受众的利益，即民众的利益。因为其主要的资金来源是受众，而这正是他们的可信性所在。

国内市场与国际市场并重，除了在英国本土的发展，为了填补资金缺口，英国广播公司也在积极寻求国际合作。教育电视的国际合作模式一般有两种，一种是向其他国家的教育电视台出售制作精良的教育节目；另一种是与国外的教育电视台合作制作电视教育节目，通过这两种模式BBC开拓了广阔的海外市场。20世纪90年代，BBC与PBS在美国市场共同制作节目，并与探索频道合作推出BBC美国频道，这些成功的海外合作为BBC带来了新的收入增长点，在一定程度上缓解了财政收支压力。同时，海外合作也增加了BBC在全球的知名度，并推广了一大批优秀作品。

英国广播公司认为，电视教育是现代教育的有效手段，但电视不能代表教师，电视节目不能取代学校教育，教育电视台不能代替学校，教育电视的意义在于补充和完善学校教育。英国广播公司的电视节目并不是孤立的，而是与广播、教科书或音像材料相结合，营造多媒体学习环境，避免使用单一媒体使教育方法枯燥乏味。在多媒体环境下，学生可以接触到更多的媒体，每一种媒体都可提供不同的学习体验，培养学生的主动性是单一教育电视节目无法比拟的。此外，BBC节目还与学校教学内容合作，营造学习氛围。英国广播公司的教学项目分为两类：学校教育和继续教育。学校教育以4—18岁的少年儿童为对象，按年龄进一步细化，分为4—9岁、9—13岁、13—18岁三个阶段。课程安排与学校教学内容相匹配，并会有相应的课程引导学生在课余时间进行课外活动、体育活动等，实现全面学习。

除了学习的语境化，近年来，BBC开始在人工智能领域发力，致力于打造智能电视收视体验，并利用人工智能技术对观众收看的节目类型和内容进行分析，实现个性化服务，这项技术将逐步应用到教育项目中。教育节目的智能化可以使教育节目的形式、内容和传播个性化，满足教学的新需求。此外，人工智能技术的应用也比以前更加具有交互性。学生和教师可以及时反馈教学内容和教学方法。ETV已不再局限于电视形式，而是发展成为一种新型的交互式远程教育平台。

四　韩国

韩国教育电视采用公共电视与商业电视共存的发展模式，这与中国教育电视台国有体制有很大不同。韩国教育广播公司EBS是韩国唯一的公共教育电视台。

韩国教育电视台EBS的历史最早可以追溯到1972年韩国教育开发院广播频道的开播。当时的韩国经济高速发展、产业结构巨变、科技发展迅猛，国民受教育的需求增加，但是教育资源与巨大的需求相比显得捉襟见肘。为了实现文化传承和教育革新，适应时代发展的需要，韩国政府着手建立了隶属于教育部的韩国教育开发院。建立之初，韩国教育开发院的主要职能是为韩国中小学生提供广播节目。20世纪80年代初，韩国正式设立教育电视频道KBS，KBS包括教育电视第三频道和教育广播两部分。第三频道主要播出电视节目，韩国教育开发院策划制作的教育电视节目都在该频道播出。1990年12月，在KBS的基础之上，韩国教育开发院成立了韩国教育广播 EBS，于 1991 年 11 月独立播出节目，EBS 同样分为教育电视频道和教育广播频道两部分。EBS 的成立标志着韩国全国性教育电视网开始建立。1997 年，EBS 的归属权发生改变，由原来教育开发院的附属机构转变为直属韩国教育部的公共机构。同年，EBS 获准增加两个卫星电视频道，新增的卫星电视第一频道面向高中生作为高中课程的教育频道，另一个面向中学生、成年人等多个群体作为中学课程和在职进修的教育频道。新增加的频道扩充了韩国教育电视台节目的种类和内容，给受众提供了更多的选择。2000 年，根据新颁布的广播法，EBS 以公共广播公司的名义进行重新注册，成为一家政府全资的公共广播公司。①

  EBS 作为教育电视台，电视教育节目是其主要的发展方向。教育电视的节目也与学校教育紧密结合，EBS 卫星频道面向中学生、成年人等多个群体，作为中学课程和在职进修的专业教育频道获得了发行中学、高中课程教材和升学考试辅助资料的权力，加上其他相关出版物，EBS 可以从中获得部分收入用作电视台的运营经费。出版收入曾是韩国教育电视台最主要的收入来源，但是教材、考试资料等出版物的用户群体相对有限，未来增长的空间也不大，随着 EBS 的支出不断增加，出版收入已不能弥补其越来越大的财政缺口。韩国教育人力资源部曾提议将考试内容与 EBS 的教材和电视节目相配套，以提高教材的销量和教育节目的收视率。类似的做法必然会损害教育的公平性，给教育电视台的公信力带来无法挽回的损失。从长远上看也不能解决根本性问题。

---

① 参见初广志《中韩日教育电视体制的比较研究》，载《韩国研究论丛》，中国社会科学出版社 2005 年版。

EBS 的收入来源还包括公共财源和广告收入。韩国《教育电视广播法》规定教育电视是由政府全额出资的独立法人企业,其财源主要来自于教育电视收视费和韩国广播发展基金会的捐赠,这部分财源只占到教育电视台运营费用的三分之一以下,资金短缺的问题始终困扰着韩国教育电视台的发展。在改制之初,韩国政府也曾计划改变教育电视的节目制作和改善播放环境,但由于成本过高而放弃。之后教育电视台取消了一部分收视效果达不到预期的节目,一些缺乏制作资金的节目则直接被放弃。在这种情况下,韩国教育电视的发展困境并没有改善,于是 EBS 开始考虑播放广告以获得足够的收入。由于韩国《教育电视广播法》没有对广告经营作相关限制,因此播放广告既符合法律规定也能获得相当可观的收入。受到教育电视台节目性质的制约,广告的题材和内容受到限制,这使教育电视台对商业广告的吸引力大打折扣。在广告市场教育电视还要面对其他商业电视台的竞争,一个商业性不高的平台显然无法得到广告主的青睐。总之,韩国教育电视台的资金困境并没有得到有效解决。

韩国教育广播公司播放的主要节目包括教育节目、文化节目、儿童节目、青少年节目、专业节目和纪录片。此外,EBS 的地面频道还提供涵盖中文、日文和英文的外语节目。EBS 近三分之二的节目从策划到制作都由电视部门独立完成,其余三分之一由电视台策划,专业商业公司制作。此外,还有一小部分节目是从其他国家进口的。

儿童和青少年课程是 EBS 的王牌课程,儿童节目主要在 EBS 地面频道播出,内容主要包括幼儿园栏目和儿童道德教育栏目。它致力于通过教育项目培养儿童的习惯。EBS 涵盖了许多方面,如文学、历史、音乐、戏剧和电影。此外,EBS 十分重视传播本土文化，制作了《我们的语言，我们的文字》等关于本国语言、文字的文化节目。除针对儿童青少年的节目外，EBS还有一部分节目面向父母、上班族和老人等人群。《60分钟父母》《特别家庭在这儿》等节目主要面向父母，倾向于分析引导解决家长在儿童教育方面的问题。EBS关于职业信息和职业技能培训方面的节目并不是很多，占比也相对较少。在老人节目方面，EBS推出过《孝心优美》等节目，展现了生活不能自理老人的生活状态和对老人生活的照顾，主要目的是弘扬孝文化，号召大家关心和照顾老人。除此之外，EBS还有一部分新闻报道节目、生活实用节目、产业经济节目面向不同的社会人群。

2002年，EBS地面电视频道为了扩大受众群体和提高节目收视率开始设置新节目和加强原有类型的节目。面对在职人员，开通了职业类节目提供就职信息和职业培训；针对儿童，开通专门的教育文化栏目，培养儿童的文化意识和文化认同；面对女性群体，推出了实用信息类节目，培养女性独立意识；推出实验性质的儿童节目，为新节目的产出打好基础；此外，为了提高教育电视的服务质量还推出了反映观众意见的调查员节目。[①]

不断调整节目类型之余，韩国教育电视台面对中小学生群体推出了减负计划。针对高中生推出高考讲座频道，为高中生提供课外辅导以减轻私人辅导给家庭带来的经济负担。面对中小学生群体提供与学校内容相配套的课外节目，提高学校教育的质量。

纪录片是EBS另一个招牌，作为教育电视台，EBS在纪录片制作上更倾向于选择自然科学类题材。相比于韩国其他电视台制

---

① 参见初广志《中日韩教育电视节目的比较研究》，《现代传播》（中国传媒大学学报）2005年第3期。

作的纪录片，EBS 更多地表现大自然原本的特征，很少掺杂其他内容，这使得 EBS 的纪录片在风格上独树一帜。[1]

第二节 中国教育电视台概况

在中国大陆范围内，没有设立省级教育电视台的有西藏、内蒙古、河南、海南、甘肃、青海、陕西、广西以及云南，吉林、上海、福建、江西、山东、湖南、宁夏、新疆均有省级教育电视台。教育电视发展欠发达的地区大多集中于西南部地区，而沿海地区各省区市均有专门运营的教育电视台，可以看出教育电视的发展与经济发展情况息息相关，教育电视台的发展现在处于东部和西部不均衡的状况。整体分布情况为，东部经济带最为密集，中部经济带次之，西部经济带稀少。除河南和陕西外，以第三产业作为支柱性产业的省、自治区均有专门运营的教育电视台，而支柱性产业为第一产业的省、自治区有教育电视台的较少。

一 教育电视台节目来源

目前我国电视台的节目来源除电视台内部自制外，还有从商业公司或国外购买。教育电视台播送的节目以购买为主，自制为辅，例如《寰宇地理》这种知识类科普节目，在许多教育电视台重复播出。这也是我国教育电视台目前存在的一个通病，即节目内容略有不足，在某些非黄金时段存在用各种电视剧或是重播、录播的节目进行填充的情况，甚至有某些教育电视台在凌晨有时

---

[1] Caughie, J., "Progressive Television and Documentary Drama", *Academic Journal*, 21 (3), 1980, pp. 9–35.

长不等的空白或静屏时段，且时长在 4 个小时以上。这反映出我国的教育电视台仍存在一定程度的资源不足问题。节目少、自制节目存在困难，这也有特殊原因，教育电视台受众群体多为学生和其家长，在凌晨这一时段观众非常少，对于教育电视台来说，在这一时段进行节目编排可以说是一个吃力不讨好的工作。节目的开发制作和后期运营需要大量的资金投入，但教育电视台往往资金少、资源不足，在这一时间段的节目安排往往是处于两难的境地。北京电视台的做法值得借鉴，将其他时段的节目在凌晨进行重播，既可以满足部分观众的特殊观看时段的需求，也可以用较少的投入来填补空白时段。

在我国，教育电视台的事业性身份使得它具备了普惠的性质。但是由于依靠政府拨款，很多时候资金不足，教育电视台就不得不通过商业行为改善经营困境。由于教育电视台受众少、收视率较低，所以广告价格也相对低廉，造成许多粗制滥造的广告或是各种违规医疗节目在教育电视台播送，随后电视购物也入侵了教育电视台的荧幕。虽然这些广告短期内带来了一定的经济效益，却使得教育电视台的形象一落千丈。对此国家出台了许多政策对这一行为进行了规范，但不少教育电视台为了迎合广告商、提升收视率仍会播送一些与教育并无关系的节目。

同时，由于我国对电视台的评判标准往往是收视率，这对教育电视台来说十分不利。作为普惠性质的社会服务电视台，将其与其他商业频道放在一起比拼收视率，这是非常不公平也是非常不合理的。虽然部分电视台在评判时加入了社会价值的评估，但力度仍然不够。而这种不合理的评价机制也必然会使得教育电视台偏离其办台的宗旨。为了争夺收视率，教育节目被综艺娱乐化节目所挤占，不合适的广告也因为对商业利益的追逐而被搬上了荧幕。

二 教育电视台播送内容

对于教育电视台来说，已出现了由"大众"向"小众"分化的趋势，且这种趋势是必然的。然而目前的教育电视台往往是教育栏目大杂烩，许多教育节目大同小异，或是直接进行转播，各种经典的节目在各个台中重复播出。教育电视台如若不进一步细化其受众，就无法形成自己固定的收视群体，就更加谈不上教育品牌的树立。

同时，我国的教育电视台均有各种电视剧剧场，除用以填充非黄金时段的作用外，教育电视台也试图用这种较为便利的方式进行节目的完善。一方面这反映出教育电视台在节目编排和制作上存在困难；另一方面也说明我国教育电视台的定位更加综合，而非单纯的专业性教育电视台，这也与目前教育电视台的困境有关。目前我国大部分教育电视台定位较为模糊，综合化倾向严重，节目涉及的种类很多，内容覆盖也很广。大部分内容硬与教育扯上关系，靠"打擦边球"的方式做教育节目。譬如各种生活服务类节目，虽然在收视率上为电视台作出了贡献，但这些节目归根结底并不属于教育节目的范畴。另外，许多电视台也纷纷购买各种热播电视剧的播放版权，这些没有教育意义的电视剧也成为了教育电视台用来提升收视率的手段。

同时，各省份的教育电视台在运营时应更加结合地区特点。如江西丰富的红色历史是非常珍贵的资源，然而江西教育电视台却很少制作和播放该方面的内容。各地教育电视台节目安排上并未看出明显的地理特征和地域差别，各地方台之间甚至直接调换都不会产生不良影响。适当的地域特色能够增加教育电视台自身教育品牌的独特性，也能对于特定受众更加有吸引力。

三 教育电视台融媒体发展

许多省级教育电视台将自己的内容搬进了广电运营的机顶盒。广电网络所运营的机顶盒中，有专门的教育栏目，而根据从客服处获知的信息，其教育栏目中的节目也就是所在地教育电视台播送内容的录播。广电运营的机顶盒将本地教育电视台的内容进行融合与整理，施行点播。将教育电视台的节目搬进机顶盒，既能满足不同受众不同的观影时段需求，也能够对教育电视台的节目进行筛选和整理。

机顶盒在远程教育中起到了一个内容分发平台的作用。用户不仅可以错时观看教育节目，同时机顶盒栏目中的分类也为用户提供了巨大的便利。由于电视台直播内容并无详细的节目介绍，对于首次观看的观众来说只能凭节目名称判断该节目是否有自己所需要学习的信息。而许多省级教育电视台在新媒体平台上的工作还有很大改进空间，许多节目首播后观众就几乎再无机会观看。但是由于教育电视台观众的特殊性，许多学生对于知识点需要反复学习，而电视直播这种方式使得许多知识点转瞬即逝，对于观众的学习帮助不大。机顶盒中的点播形式使得这些内容保存时间更长，可以反复观看，更加贴合教育电视台办台的初衷。机顶盒点播视频均具有调整时间的功能，这对于使用机顶盒观看教育节目的用户来说十分友好，对不懂的知识点可以进行回看。而需要外出或是暂时离开时也可以暂停，使得教育节目的收看效果更好，用户的观看效率更高。

同时，机顶盒在节目分发过程中进行了筛选，将与教育无关的节目和广告进行了剔除，让教育电视台更好地发挥其普惠性，更好地为用户服务。广电运营机顶盒与教育电视台进行合作，既能更好地服务目标受众，也能够扩大教育电视台的影响力，帮助教育电视台更好地建立教育品牌。而教育电视台将内容"搬上"机顶盒，也能扩大广电运营商的影响力，增加用户。特别是在新冠疫情期间，线上教学模式在全国推广，广电机顶盒在增加空中课堂的同时，也推出了一些付费内容，既能够增加营收，也能够更好地服务受众。

在省级教育电视台中，除新疆教育电视台外，其他七个省级教育电视台均设有官方网站，包括宁夏教育电视台、福建教育电视台、湖南教育电视台、上海教育电视台、吉林教育电视台、山东教育电视台与江西教育电视台。这一情况明显反映出省级教育电视台的运营工作与经济发展息息相关，同时也与互联网普及程度相关。可以看出，虽然媒介融合大潮已到，但许多教育电视台却连最基础的"上网"都未做到，其直播内容若想点播只能靠用户在其他平台上传，不仅对于用户不够友好，同时也难以与其他教育平台相竞争。在我国，互联网从20世纪末期起步到现在5G时代的来临，许多产业从简单的"＋互联网"发展到"互联网＋"，再到如今迈向"智能＋"的时代，信息化技术促进了各产业的融合与发展，产业的竞争力也由此得到提升。然而，在20个拥有教育电视台的省会、地级市中，只有10个城市的教育电视台设立了官方网站，仅仅只占一半。相比之下，许多非国有的教育机构却早早运用了互联网这一新技术，紧跟时代趋势，除客户端外，微博、微信公众号以及微信小程序中都能看到它们的身影。相比之下，我国电视远程教育工作逊色不少。

表 3-1　各省、自治区、直辖市教育电视台微博账号情况一览

省、自治区、直辖市	最近发博时间（截至 2023 年 2 月 5 日 10 时）	发博频率	粉丝数	评论互动	发布内容	已经发布博文数量
辽宁	2023年2月5日	2—4条/年	702人	无评论也无互动	新闻信息为主	1210条
吉林	2023年2月5日	疑似已停运	1651人	平均每天不足1条评论，无互动	新闻信息为主	156条
江苏	2023年2月5日	3—6条/月	117062人	无评论，无互动	新闻内容为主	11436条
福建	2023年2月5日	2—6条/天	2194人	评论中回复一些提问	教育类通知、公告为主	3242条
江西	2023年2月5日	2—3条/天	9969人	平均每天2条评论，会在其中回复提问	教育类通知公告+新闻信息	5433条
山东	2023年2月5日	2—3条/天	375708人	平均每天不足1条评论，无互动	教育类新闻信息为主	13221条
湖北	2023年2月5日	1—3条/天	19546人	平均每天不足1条评论，无互动	新闻信息为主	7054条
湖南	2021年3月4日	1—3条/天	74514人	平均每条微博3条评论以上，会回复一些提问	新闻信息为主	10453条
新疆	2023年2月5日	疑似已停运	79237人	平均每天1—2条评论，无互动	发布内容过少	2条
天津	2023年2月5日	疑似已停运	399714人	无互动	新闻信息为主	677条

表 3-2　各省、自治区、直辖市教育电视台微信公众号情况一览

省、自治区、直辖市	最近发文时间（截至2023年2月5日10时）	每篇推文阅读量	评论数以及回复	发文频率	主要内容	原创内容数
四川	2023年2月5日	1000—3000左右	平均每条推文3条评论左右，会在评论中回复答疑	1次/日	教育类新闻、通知为主	782篇
福建	2023年2月5日	2000—4000左右	平均每条推文评论不足3条	3—5次/日	综合新闻为主	221篇
湖南	2023年2月5日	1万—2万左右，波动较大	平均每条推文评论不足2条	1次/日	教育类新闻、通知为主	155篇
吉林	2023年2月5日	2000—7000，波动较大	平均每条推文3条评论左右，无回复	1次/日	综合新闻为主	67篇
上海	2023年2月5日	3000—7000，波动较大	平均每条推文评论不足2条，几乎无回复	1次/日	教育类新闻、通知为主	7篇
宁夏	2023年2月5日	2000—5000，波动较大	平均每条推文评论不足1条，无回复	1—2次/日	教育类新闻、通知为主	4篇
江西	2023年2月5日	1000以下	平均每条推文评论不足1条，无回复	1次/日	教育类新闻、通知为主	103篇
新疆	2023年2月5日	1000左右	平均每条推文评论不足1条，无回复	1次/日	课程预告、通知为主	未标明
江苏	2023年2月5日	2000—4000，波动较大	平均每条推文评论不足1条，无回复	2—3次/日	教育类新闻、通知为主	476篇
山东	2023年2月5日	1万—3万左右，波动较大	平均每条推文评论超过3条，在评论中回复答疑	3次/日	综合类新闻为主	983篇

续表

省、自治区、直辖市	最近发文时间（截至2023年2月5日10时）	每篇推文阅读量	评论数以及回复	发文频率	主要内容	原创内容数
湖北	2023年2月5日	1000以下居多	平均每条推文评论不足1条，无回复	2—3次/月	综合类新闻为主	5篇
天津	2023年2月5日	1000以下居多	平均每条推文评论不足1条，无回复	7—10次/月	综合类信息为主	1篇
广东	2023年2月5日	100以下居多	平均每条推文评论不足1条，无回复	1次/日	教育类信息为主	2篇

微博与微信相比较，大部分教育电视台对于微信公众号的运营更加重视，在发文频率、互动程度上都比微博更加频繁，这种情况可能与微信活跃用户远超微博有关，2022年12月，微信的月活用户突破了10亿，而反观微博，其月活用户为3亿多。同时，由于社交媒体生态不同等关系，微信每日的使用频率也是远超微博。另外，由于微信的好友多为现实生活中的亲人、朋友、同事、同学等，这种强关系使得微信用户的黏度大，对于好友用户所分享的内容也更加重视。微信公众号内嵌于微信APP当中，推文的接收与转发在APP内部就能独立完成。微信中还有各种微信群的存在，好友群、家庭群、工作群、小区业主群等，这种动辄几百人的群中，一篇文章的分享所带来的利益要远比微博大，并且在一个群中所分享的文章可能会被其中的其他用户再次分享到其他群，造成一种"病毒式"的传播效果，速度快、范围广。而在微博上，通过链接或是转发分享的文章往往粉丝重视程度不如微信，且二次转发量少。

教育电视台受众多为高中及以下学生和其家长,这部分人群在社交平台中用得最多的便是微信,特别是家长。而在微信公众号中发布的文章可以在同一页面实现一键直接分享给好友、微信群或是分享到朋友圈,这进一步加强了微信用户之间的强联系。而作为弱联系平台代表的微博,用户的好友以网友居多,现实生活中的亲朋好友往往在微博上无太多交集。

教育电视台的辐射范围往往以地理位置作为界线,影响效果集中于某一省内。而这刚好也符合微信的用户组成,微信用户大部分好友都是与自己地理位置相近的人,如单位同事、学校同学、亲朋好友等。同时,各种以圈子聚集起来的微信群,如居民业主群、单位同事群、老师同学群等,这些群的组成用户往往有一个特征,那就是在某一时间段汇集在某一特定区域,在其中分享文章能够使得传播的效果最大化,集中于目标受众群。同时,还存在由某些具有共同特定需求或共同特征的用户所建立的群,比如育儿群、妈妈群等,这些微信群中的用户都对某些特定信息非常敏感,在这些微信群内转发相关的文章能起到事半功倍的效果。

但是,部分省级教育电视台在微信公众号、微博认证账号中所发布内容几乎没有区别,或是将微信公众号中的文章进行概括式的改写后发布到微博账号中。虽然微博和微信这二者都是在媒体融合背景下非常具有代表性的社交媒体平台,但其特征和运营理念都存在很大差异。

首先,微博作为一种基于"弱连接"的开放性社交媒体平台,无论是电视台还是节目组都可以申请官方微博,它们是相对独立的存在,这些账号在信息发布等功能上有着同等的权利。微博这样"去中心化"的传播特点使得电视台的信息传播有着多元化的态势，同时也增加了观众对于电视台信息传播参与的自由性。

相较于微博，微信则更加突出其"社交"的属性，省级教育电视台的微信公众号与关注该公众号的微信用户共同形成了一个微信生态，而这个生态的中心就是发布信息的电视台公众号。公众号可以借助微信特有的使用便捷、互动交流等特性，形成围绕着信息发布、议程设置的强大凝聚力。而微信公众号的粉丝则围绕着所设置的议程和相关主题进行民主参与。

省级教育电视台可以充分利用微博、微信这两种传播平台的优势，差异化地运营微博认证账号、微信公众号，构建起新媒体上的新生态，力争为观众打造有效沟通和交流的渠道，也能够促进电视台便捷化、广泛化发布信息，进行管理。官方微博账号"分散化"的特征，突破了以往信息发布难以克服的单向困境，构建了电视台与观众信息交换、交流的平台。而微信公众号的"中心化"的特点，则增加了观众对电视台的黏合度，为巩固、扩大电视台在地域范围内的影响开创了更加广阔的空间。

四 教育电视台目标受众及传播效果

教育电视台节目综合性强，不乏生活服务类节目，如《今日房产》《帮女郎》等。同时也有许多健康养生类栏目，如《养生堂》《健康大不同》等。而相比来说，纯科普类、教育类节目占比要小一些。而在非黄金时段，也播放各种电视剧，且时间较长。节目组成中，各种节目的重播很多，往往在观众少的非黄金时段重播这些节目和电视剧。

在教育节目上，针对受众年龄段覆盖广，有针对老年人的

《养生堂》、以青少年为主要观众的《成长不烦恼》，还有以"80后"为主要受众的《助跑80后》，并非仅针对青少年学生进行节目设置，只有部分教育相关类节目的内容针对青少年学生，从科普知识到招考信息都有涉及。此外，每天还有一定时间的动画节目放送。教育电视台并不仅仅只有教育类节目，还有一定的生活服务类节目，如《生活速递》和就业信息等。

教育类节目偏向于综合类型的教育频道，受众不仅仅只有青少年学生，而是响应"全民教育"的号召，错时安排不同的节目，力争使各年龄段、各群体有需求的观众都能够获得良好的观看体验。

教育电视台只是在电视机上播出，而机顶盒中的教育栏目只能依靠运营商网络进行传输的特点决定了它的终端只能是与机顶盒相联结的电视机。虽然目前的 IPTV 机顶盒早已经实现了任意点播、时停、时移等功能，但用户仍然必须坐在电视机前才能够进行观看。对于家庭中的青少年学生来说，长时间在电视机前进行学习不仅疲惫，而且伤身体。目前，中国大部分家庭电视机保有量只有一台，在客厅里学习易受到干扰。同时，这也限制了其他家庭成员的电视收看活动。但是，在客厅进行电视机学习便于家长进行监督，电视机相比手机和电脑，屏幕更大，音量更大，家长就算在其他房间也能监督孩子。

从学习者的角度来说，IPTV 中固定的节目编排使得"因材施教"与"因地制宜"很难做到。另外一种制式的 OTT TV 机顶盒只要有互联网便可提供丰富的内容，因而其终端限制较少，电脑、平板电脑、手机、电视机都可以进行接收观看，相比 IPTV 机顶盒更加灵活方便，可以实现多屏互通。学生和家长可以实现互不干扰地观看不同的内容。比如在黄金时段，孩子可以观看教育节目，父亲观看新闻或体育节目，同时母亲收看电视剧，实现互不干扰。但这样的多屏观看也有弊端，会使得教育栏目收看效果下降。在小屏端，如手机、平板电脑等，学生在进行观看时可以利用其他设备进行其他活动，而家长则很难进行监督。

机顶盒的教育栏目目前仍然以单向传播为主。在其所设的各种栏目中，几乎没有任何反馈的渠道，大多数收看节目的学习者是很难与直播授课的老师进行直接交流的，更不要说通过录播的各种教育节目，学习者通过观看节目所获得的学习效果难以进行评估。虽然IPTV在传授知识这一路径上进行了强化，但是弱化了传统课堂的互动性。

由于机顶盒内容来源更加广泛，学生与教师之间的距离更远，交流也更加困难，这是使用电视进行学生教育难以避免的缺陷，或者说这是大部分远程教育都难以克服的问题。

五 教育电视台发展环境

在《国务院关于进一步扩大和升级信息消费持续释放内需潜力的指导意见》中明确指出：鼓励社会力量，如学校和企业等，开发在线网络中的继续教育资源。传统媒体包括教育电视的转型问题也愈发得到重视，并逐渐被提升到国家战略层面。推进在线公开、开放式教育资源平台建设以及对公开移动教育应用软件的开发研究，支持大规模、多人在线的网络开放课程与在线辅导等远程教育形式，力求创造线上与线下相融合、配合的新型学习模式，争取实现教育电视服务市场的社会化。这无疑为教育电视提供了一个巨大的机会，利用其姓"教"的本质来大展拳脚。教育电视台在政策有利的基础上，在《推进互联网协议第六版（IPv6）

规模部署行动计划》的带领下形成了的新局面，与 5G 技术全面结合，打造新的节目形态或互动版块。2019 年 3 月 3 日，在《中国教育现代化 2035》中，中共中央、国务院提出了要全面扩大人民群众受教育机会，要实现基本的公共教育服务均等化等一系列新战略，促进信息化时代的教育改革，把服务全民的终身学习体系建设起来，争取形成学习型社会。

众所周知，科学技术的发展日新月异，每一年新的技术环境相对于上一年来说，都有巨大的变化，不同的技术环境对各行各业的机遇和挑战不同，教育电视也不能被排除在外。我国媒体融合从 20 世纪 80 年代开始，在中国已经经历几十个发展的年头。目前我国媒体融合的发展已经到了深度融合的阶段，这个阶段的科学技术给教育电视的发展带来相应的机遇和挑战。IPTV 的点播服务，让用户在时间的调度上实现了自主选择性，而这种自主选择性正是教育电视所需要的，教育电视的主要受众为学生，学生在工作日忙于学习，根本没有或者很少有时间可以按照电视台的节目编排表来观看节目，这种点播服务则为学生群体提供了一个相对人性化的选择机会。

OTT TV 平台使用户降低了对于网络宽带质量的要求，给更多的网络连接渠道将内容传输给用户提供了技术保障，如电视机、电脑、机顶盒、平板电脑、智能手机等。OTT TV 的显著特征就在于其极强的互动性，而教育电视的互动性可以说在一定程度上是十分滞后的，比如说中国教育电视台的互动仅仅是在评论区进行互动。因此，若 OTT TV 可以和教育电视进行适当的结合，不仅有利于电视台更好地了解观众的需求，制作出更符合目标受众的节目，还可以加强用户的黏合度。

综上所述，教育电视已有了进一步的发展空间，不仅要成为一个汇聚平台，成为集合电视、互联网、家庭游戏机等功能的平台，还要成为利用大数据收集用户信息数据的平台，同时结合媒体深度融合的时代背景，利用大数据技术，发现教育电视创新发展的根本出路。

第三节　中国教育电视的发展历程

一　初创时代（1958—1978）

随着社会的不断发展，科技的更新，信息技术的普及，电视媒体也渐渐地走向革新的道路。外部环境的不断发展，让电视传媒必须做出相对应的改变，因为在信息技术发展的时代，电视传媒只有做好与时俱进的准备，才能避免被技术淹没在社会发展的潮流之中。

1958年5月1日，北京电视台（中央电视台的前身）正式开始实验播出，标志着中国电视业的诞生。[1] 随着政策的改变、国内环境的变化，以及受众的喜好变化，电视业一直在波折中前进发展。教育电视也不例外，从开端到波折再到发展，其节目形式和内容呈现等其他方面，随着现代科技和社会进步的发展而做出改变。以下的章节，主要探讨中国教育电视的发展历程，以及在发展中做出的改变，同时还会探讨教育电视在不同社会背景下的表现形式。

（一）创立阶段

教育电视的兴起不是一个偶然发生的事情，它是在信息技术不断得到发展和国内经济水平持续升高中孕育出来的结果。教育

---

[1] 参见常江《广播电视学导论》，北京大学出版社2016年版，第41页。

电视的雏形是由电视教育发展而来的，电视教育就是以电视为载体传播教育内容的工具，当时的教育内容并没有被过多地关注。

教育电视，严格地讲是1952—1956年我国三大改造完成之后，在工农商齐进步的状态下诞生的。

教育电视承担了当时教育的责任，教育电视最大的功能就是提高人民教育水平和加快社会进步。总体而言，教育电视在多方面提高人民的认知、扩大人民的知识面、增强人民的愉悦感和对生活的激情。因此正确认识教育电视的功能和作用，可以更好地让教育电视服务社会，服务人民。

教育功能。从教育电视自身的属性来看，具备教育功能是必然的；从它的管理机构的功能来看也可以很明确的知道，教育性是其第一属性。因此，无论从属性来讲还是功能来讲，教育性都是它必备的关键点。

教育功能体现在教育电视从事所有教育活动或者其他宣传时都要把教育性放在第一位。除了要普及科学知识和基本生活常识，还应该更多地注重人民思想认知的建设。教育功能最直接的表现就是在电视上播放教育类视频，宣传科学知识，在潜移默化中提高人民受教育的程度，提升人民的素质。教育电视涉及多种教育性活动，时间持久，内容通俗易懂，教育辐射范围广。

传播功能。教育电视就是用来传播的，传播知识文化、传播国家政策，减少文盲人数，提高人民文化程度，从而促进社会经济的发展。教育电视重视与教育有关的学习和分享，动员和吸引人们参加各类实践或普惠活动等。[①]

[①] 参见崔保国、宋成栋《中国教育电视发展报告》，清华大学出版社2015年版，第8页。

文化功能。教育电视的文化功能也时时刻刻都可以在内容上体现出来，教育电视的内容传输过程就是一个文化传播的过程，教育内容都和文化有一定的联系，除了一般性的知识内容传输，文化教育也是电视教育的重要目标，教育电视的存在也是为了提高人民的文化程度，除了播放自己国家的文化知识外，还要播出各国文化，以此拓宽人民的眼界，让人民了解世界文化的多姿多彩，在掌握自己国家的优秀文化知识的同时也学会尊重别国的文化。①

知识功能。教育电视的知识功能可以很明显地体现在它传输的教育内容上，教育电视的内容具有明显的价值功能，从制作内容到人民接受到知识，再到人民把知识内化在自己的大脑中，这个过程具有重要的意义。

意识形态功能。教育电视无论在什么样的时代中都要体现出意识形态的功能。从最早的拉斯韦尔5W模式研究中，就可以很清楚地知道，在早期的媒介传播中，传播者是起主导作用的，传播的内容是什么、要怎么传播、需要传播到什么程度都是可以控制的，而受传者是一个被动接受的群体，他们只能接受传者的内容。除此之外还有一个理论可以成功地解释教育电视的意识形态功能，那就是议程设置，这个理论在早期适用于大多数的媒体，包括教育电视。教育电视想要让人民学习知识，就会直接在内容上控制变量，播放对大众有引导性的知识，从而在内容上做议程设置。

（二）发展阶段

1956—1966年是中国十年探索时期，在这十年里中国的建设

---

① 参见崔保国、宋成栋《中国教育电视发展报告》，清华大学出版社2015年版，第9页。

有好的成果，也有错误的尝试，特别是在这十年的探索中，国家十分重视教育，明白国民教育水平的提高和社会进步发展有着必然的联系。因此鼓励文化思想上的碰撞，出现"百花齐放"的局面。

第一个教育电视台的出现，还要追溯到 20 世纪中期，在这个时期，教育电视逐渐成型。1958 年 9 月，北京电视台（中央电视台前身）开始播出节目，之后在 1960 年 2 月北京广播电视大学成立，此后在广州等城市也相继成立了广播电视大学。

20 世纪 70 年代，中国的十年探索让信息科学技术的研究走向了开端，随着技术的进步，国家决定建立中国教育电视台（CETV），使教育电视更加系统化和利民化。中国教育电视台的建立是国家重视教育的一种表现形式，也体现了国家科教兴国的战略决策。

中国教育电视台的成立，是国家发展要求的需要，它是人民生活的必需品，是社会进步的象征，是中国面向世界、走向世界的重要步骤。中国教育电视台的诞生，是中国探索阶段产生的正确决策，它有其特殊的基本属性，这几个属性从本质上代表了十年探索时期对教育的要求，同时表明了教育电视应为提升国民教育水平而服务。

在这十年的探索中，首先要解决农村和城市中的文盲问题，教育电视台创立的初衷就是为了传播文化知识，这也是其本质。教育电视台还具有服务性，不仅仅提供知识的服务，还提供信息的服务。普惠性是教育电视台最突出的特点，免费播放内容，受众广泛且传播效果显著。

从 1949 年新疆广播电视台成立，到 1986 年中国教育电视台伊始，我国在教育领域做了许多努力和尝试，教育电视的发展也十分曲折。在"文化大革命"时期,教育电视发展停滞。1978年改革开放后,国家迅速调整了教育电视的发展方向,并明确提出四个走向。

第一个走向是抓住时代的主流,教育电视要始终以教育人民为核心出发点,需要紧紧围绕教育题材去展开工作,这样才能发挥教育电视在社会中、在人民中的最大作用。教育电视播放教育性的内容是它的本质要求,同时会促进社会的发展和人民教育水平的提升。对于人民来说,持续的教育内容会让他们不断地提高知识水平,在潜移默化中提高了整个社会的文化素质,从而促进社会和谐发展。

第二个走向是把握时代发展趋势,与时俱进地革新内容与形式。教育电视需要在发展中明确自己的内容与形式创新的目标。在内容制作方面,教育电视需要考虑类型的区分,比如科普教育、常识教育、技能知识、文化知识等,还需要随着时代的发展,不断增加内容,扩大知识范围,这样会让教育电视的内容更加专业化,并且可以满足不同人群的教育需求。在形式设定方面,教育电视需要不断创新播放形式。利用好电视媒介的新技术,用多种方式呈现教育内容,使受众在学习时不感到枯燥,提高学习兴趣。随着经济和技术的发展,内容和形式革新势在必然,只有不断创新,才能发挥出教育电视的作用。

第三个走向是明确时代主题的知识需求变化。随着社会经济的发展,人们对知识的需求也在发生变化,教育电视的内容从最初的扫盲,到满足人民日益增长的知识文化需求;从简单易懂的识字,到常识和知识类内容。教育电视一直在根据人民大众的需求,不断完善和扩充内容,创新传播方式。如果教育电视不能做到与时俱进,则必将被观众抛弃。总体来讲,教育电视需要十分明确人民当下的知识需求，做好内容整理分类，以适应不同的需求主体。

第四个走向是紧跟时代政策方针，完善内部结构优化。教育电视需要了解电视媒体的相关政策，把握好政策方针，有利于把握正确的发展方向。同时，还要在发展中及时调整、优化内部结构，提高管理水平，从管理上出效益。内部结构的优化是教育电视在不同时期的实践中积累的发展经验，内部体制运行顺畅可以提高节目制作质量、不断创新节目形式，给人民提供更优质的内容产品。

二 发展时代（1979—2019）

1979 年 2 月以后，中央广播电视大学和 28 所省级电视大学相继成立。经过 25 年的发展，全国陆续成立了 44 所省级电视大学、930 所地（市）级电视大学分校及省校直接管理的工作站、2021 个县级工作站、22237 个教学点。中国广播电视大学在世界上被列为 10 所巨型开放大学之首。[1]

1980 年，我国第一个教育电视台——新疆教育电视台正式成立。1985 年，在全国频道规划会上，管理部门提出各地必须有专门的电视频道用于教育。1986 年 7 月 1 日，中国教育电视开始试播。在国务院主管领导的直接关心、批示和各相关部委的通力协作下，1986 年 10 月 1 日，"中国教育电视"通过卫星正式开播。卫星传输的最大特点是覆盖面广、不受地理条件的限制、建设速度快、组网灵活。

1987 年 10 月 6 日，"中国教育电视"正式更名为"中国教育

---

[1] 参见王哲平《中国教育电视：历史、现状与发展》，中国社会科学出版社 2006 年版，第 56 页。

电视台"（CETV）。1989年8月1日，国家教育委员会颁布了《地方教育电视台站设置管理规定》，要求：各地教育电视台、站，在地方政府领导下，由教育行政部门统筹规划，统一管理。

虽然在政策上不断调整，但这一时期的教育电视台依然举步维艰。首先，围绕事业体制的问题多年争论不休，面对教育部门和广电部门的双重管理，教育电视台的突破和创新发展在一定程度上被束缚了手脚。而电视台的普惠性质又要求其教育内容不能过度商业化，仅依靠政府拨款使其长期面临资金不足的局面。其次，教育电视本身的定位问题使得资源分配更加失衡。当下来自于互联网产业的冲击则更为致命，互联网教育平台对远程教育的分流使得教育电视台不可避免地走下坡路。

现代远程教育不能只有互联网。我国各地区经济不均衡的现实情况决定了各地区通信基础设施的覆盖率和使用成本存在较大差异，而且互联网教育资源纷繁复杂、质量参差不齐等一系列因素都决定着当前阶段互联网教育并不能完全取代传统教育电视台。因此如何让教育电视跟上互联网时代的发展就成为当务之急。2013年6月，针对教育电视台出现的主要问题，新闻出版广电总局和教育部联合调研组下发了《教育电视台发展管理规划调研提纲》，教育电视台被迫进入转型期。2014年8月，《关于推动传统媒体和新兴媒体融合发展的指导意见》出台后，省、市、县开始兴建广电全媒体集团，各级教育电视台逐步实现数字化转型。这些政策推动了广电行业组织结构的变革，也在一定程度上推动了教育电视的媒介融合进程。2016年以来教育电视发展迅速。

2010年7月13日至14日，全国教育工作会议在北京举行。会议强调落实《国家中长期教育改革和发展规划纲要（2010—

2020年)》，到2020年，基本实现教育现代化。2019年2月，中共中央、国务院印发《中国教育现代化2035》，提出到2035年，总体实现教育现代化，迈入教育强国行列。近年来电视进入了"互联网+大数据"、人工智能时代，电视机终端的迭代演进，让家庭电视成为了智慧化中心。以此为基础，智慧社区、智慧城市、智慧健康、智慧教育等内容建设也随之发展。2018年11月22日，全国"智慧广电"建设提档升级，建设智慧家庭成为工作重点。

电视发展对教育电视有较大的影响。智慧电视早已告别传统机顶盒的时代，市场上出现了各类更具智慧印记的电视盒子、"智慧家庭数码港"联动手机、平板电脑等终端，开启了多屏互动、云计算、人工智能的电视时代。移动化、智能化、小型化、私密化、互动化、个性化，成为了家庭电视的全媒体特点。借助多年来互联网教育电视的理念和技术、形态，教育电视通过语音交互、体感交互、AR和VR等手段，继续深耕和开拓家庭教育市场。特别是青少年在线学习、成人教育拓展、中老年健康教育等已成为教育电视的特色和主力业务，探索出更适合大屏时代的学习内容和方式。

三 创新发展时代（2020至今）

（一）新冠疫情的冲击

2020年2月5日教育部印发《关于在疫情防控期间做好普通高等学校在线教学组织与管理工作的指导意见》，要求高校开展在线教学。2月7日教育部提出要与中国移动、中国电信、中国联通等电信企业加强合作，保障各地网络安全平稳运行，为在线学习提供快速稳定的网络服务，并且要汇聚社会各方资源，加强东西部和区域间、校际间的协作，从教学资源、教学管理制度、网络运营等多方面帮助教育资源薄弱的学校开展线上教学工作，扩大教育电视覆盖面。2020年3月6日《教育部办公厅关于做好2020年春季中小学"停课不停学"工作的通知》发布，在工信部和国家广播电视总局的大力支持下，国家中小学网络云平台和中国教育电视台空中课堂在2月17日正式开通。

2020年，新冠疫情期间，广电总局批准开办12个"空中课堂"频道。自2020年2月10日6时起，CERNET作为基础设施，发挥了重要的作用，也是因为新冠疫情引发的危机推动了教育专网的建设，使建立覆盖各地各校的教育专网建设变得更加迫切。另外，借助社交媒体，大多数在线教学都建立了QQ群，作为备用，通过群聊消息，教师可以及时地发布关于课程的信息。由于全国各地都在网上进行在线教学，QQ群也可以及时进行反馈。这些平台就是另一个教室，通过网络将各地的学生凝聚在一起，使得师生之间能够进行及时的沟通和交流。

（二）创新发展中的教育电视

教育是民生的重要领域之一，党的二十大报告将"推进教育数字化"写入了党代会报告。习近平总书记也提出："数字技术正以新理念、新业态、新模式全面融入人类经济、政治、文化、社会、生态文明建设各领域和全过程，给人类生产生活带来了广泛而深刻的影响。"[①] 国家的重大举措均已部署发展数字教育，发展数字教育是建设数字中国的重要内容，是抢占全球教育发展制高点的战略选择，是实现教育高质量发展的内在需求；教育电视

---

① 习近平：《让数字文明造福各国人民，推动构建人类命运共同体》，《党课参考》2021年第20期。

作为教育形式的重要组成部分，大力发展教育电视已是题中应有之义。

2021年2月8日教育部等五部门发布《关于大力加强中小学线上教育教学资源建设与应用的意见》，提出"电视+教育"，教育电视迎来了新的发展。教育电视创新发展势在必行，但是途中必然会遇到很多挑战，首先就是基础设施建设问题，各地区的通信网络条件不同，在基础网络的接入上，网络难以维持其稳定性，难以保证各地学生在教育资源上的公平，优质的教学资源难以覆盖到网络通信较差的地区；其次是传统的教学管理体制如何在互联网时代适用，传统教学管理模式需要层层进行课表审核、教师课程安排等，在网络教育情况下，这样的教学管理模式就显得较为繁琐。

总之，教育电视的创新发展有着以下三方面挑战。其一是线上教学与线下教学之间的抉择，新冠疫情期间，线上远程教育是教育事业的一场"及时雨"，成为这一时期教育事业的"顶梁柱"。虽然对于线上教学还有众多的质疑和批评，但是线上教学所体现出来的优势和特点，提升了线上远程教育在教育事业中的地位，缩小了与线下教学之间的差距。

其二是居家与在校的教学边界，线上远程教学的发展，推动了"居家学习"，而电视是传统的家庭媒体。一方面表现了在家和在校的不同的教学方式，在学校主要是以群体性的学习生活为主，有老师和同学的共同陪伴，是在老师的激励下，在同学的共同帮助和激励下进行的；而在家的学习方式则是自己独自一人进行学习，由家长进行督促，自己为自己设立学习计划。另一方面是不同的学习场景，在学校是固定的学习环境，固定的空间、固定的界限，有讲台和课桌作为彼此之间的界限，有相对规范化和具有仪式化的学习环境；而在家则是不固定的学习空间场景，今天可能是在客厅学习，明天可能是在卧室或者外出的车上学习，这些都是对于自己较为轻松和惬意的学习环境，在家里的学习可以突破原有的学习场所的局限，自己掌控和调整学习时间。

其三是新冠疫情发展的不确定性，原有的教育将经历从上至下的整体性改革。

线下和线上教学应进行互补。人工智能是教育数字化转型的数字基座和教学范式变革中的重要元素。数字技术为教育变革赋能，推动教育事业发生质和量的重大变革，实现在线教育的高质量、高效率、生态化发展。藉由在线教育灵活性、个性化、互动性、资源丰富、实用性和适应性的显著特征，能够为学生提供多元化的学习体验和教学模式。线上线下互补，多种教学方式的融合将显著提高教育的质量和效果。

教育信息化的发展与建设朝着融合创新的方向坚定不移地纵深发展，信息技术为教育带来变革与创新的时代已经到来，智慧教育也将引领教育信息化健康发展。人工智能为教育提供了全新的视角和基于新技术的教学手段，智慧教育的广泛开展将成为教育史上一个重要的转折点。

IBM 提出的"智慧地球"战略与教育领域交织融合，智慧教育便应运而生。以"人的智慧成长"为导向，积极运用人工智能技术促进学习环境、教育方式和教育管理的智慧转型是智慧教育的内涵，同时在普及化的学校教育中提供更多的学习机会，以此形成精准、个性、灵活的教育服务体系，来更好地满足学生的发展需要。智慧学习环境强调积极运用数据和算法来辅助教育，构建深度交互的学习空间，最终建构全社会参与的教育生态。有学者提出，智慧教育的发展脉络分为三个阶段，分别为萌生阶段、试点示范阶段、全面普及阶段。现阶段作为全面普及阶段，是智慧教育的规范、制度建设时期。在这一时期，我们也不断做出尝试，例如从翻转课堂到智慧课堂，通过提升学习资源的质量、更好的互动效果来优化教学，创建智慧学习的生态。在新媒体技术、教育不断深化改革的背景之下，技术思维赋能的智慧教育将成为智慧教育的发展方向。

"智慧广电"是指在城市化与信息化背景下，电视台充分利用各种信息技术资源，为广大群众用户提供多样化、专业化、个性化的节目，同时提供丰富多彩的智能信息服务，使集广播电视、文化娱乐、科学教育、信息服务、政务公开于一体的多媒体信息终端成为可能，为群众带来更大的便利。新技术的普及与运用既是机遇也是挑战，"5G + 4K + AI"为智慧广电发展提供了技术支持，各级广播电视台积极推进广播电视的深度融合发展。广电内容的高品质化、传播形式的多样化以及整个行业的飞速发展离不开新技术的应用与支撑。大大提升了广电媒体公信力和影响力，同时又能够满足受众对于高品质、精品化内容的直接需求，由此来建设真正的全方位、全时段、全维度的高质量智慧化新媒体广播电视服务。

2022年7月15日召开的全国广播电视和网络视听工作年中推进会上，中宣部副部长、国家广电总局局长徐麟强调，要增强前瞻性，加快推进"未来电视"战略部署。"未来电视"是一个广义的视听概念，代表着视听产业的未来发展趋势、未来发展图景。它至少具有以下"五化"特征：呈现方式多样化、试听体验沉浸化、应用场景全景化、服务形态智慧化、服务供给协同化。未来电视将是此后视听行业发展的一个重要增长点。

技术的发展激发了教育电视更大的发展动力，为学习者带来了更大的主动性与积极性。教育的场域是广阔的，随着智慧教育、智慧电视的发展，以及未来电视的建设，教育电视将取得更大的成果。

第四章　人工智能时代教育电视的现状调研

对人工智能时代的教育电视创新发展的研究需要对当前教育电视所处的外部环境、使用现状等与转型相关的因素进行深入了解，原中国教育电视台总编辑、原中国传媒大学校长胡正荣曾表示：线上教育既包括互联网，也包括电视、广播等传统媒体。搭建一个电视加网络的全媒体教育平台，既解决了点对面的广泛性，又解决了点对点的交互性，两个媒体共同发挥作用，才能够真正解决中小学线上教育的根本问题。其中教育电视作为线上教育的有机组成部分，作为传统意义上的大众传媒，更擅长从教育公平的角度发挥作用。在对人工智能时代背景下的教育电视创新发展的研究中，也应对教育公平进行着重考虑。因此，本章的现状调研主要包括以下内容：由于教育电视的发展与转型很大程度上由它所处的教育传播环境，特别是由媒介环境决定，即城乡居民的教育电视使用情况。调研设计以教育传播学中的"知沟"理论为指南，运用结构化问卷的形式对城市及农村居民教育电视设备接入与使用情况进行调查，并对城乡居民教育电视的使用与感知等方面内容进行具体的调查。

这种调研设计出于以下考虑。

1. 当前已进入媒介社会，教育环境也包括媒介环境，媒介对教育电视或远程教育的影响尤甚，甚至有学者提出了教育媒介化。教育电视的转型是受媒介环境变化影响的，教育电视的使用是由其用户的媒介使用环境、媒介使用习惯决定的。2021年3月5日，时任总理李克强在政府工作报告中提出"发展更加公平更高质量的教育"。教育的目的是让城乡受众都有公平地接受教育的机会，在新冠疫情发生后，"教育+电视"开始大行其道，受到了包括教育部在内的五部门的发文肯定。[①] 而城乡受众对包括教育电视在内的教育电视工具的接受程度和使用成熟程度都存在较大差异。因此，我们首先需要借助知沟理论，以城乡受众对教育电视的接受度差异为切入点对教育电视创新发展进行调查。

2. 影响教育电视转型的相关因素较多，因此本书从不同SES（社会经济地位）受众的教育电视使用入手，从多个角度呈现受众对教育电视接受度差异的具体表现。虽然教育电视接受度差异频频出现在各种场合，包括各种学术性文章中，但大多数学者对教育电视接受度差异的理解不同。有些学者把教育电视接受度差异理解为不同的社会群体上网比例的差异，另外一些学者则把教育电视接受度差异和不同地区的信息基础设施发展差距等同起来。本书采用目前对教育电视接受度差异较为普遍的ICT指标。ICT存取指数包括固定电话普及率、移动电话普及率、每个互联网用户国际带宽普及率、家庭电脑普及率、家庭上网普及率五个指标，在整个ICT发展指数中占据40%的权重。为提高科学性，该指数还设置了数据标准化的参考值，如移动电话普及率的参考值为

[①] 参见教育部、国家发展改革委、工业和信息化部、财政部、国家广播电视总局《关于大力加强中小学线上教育教学资源建设与应用的意见》，http：//www. moe. gov. cn/jyb_ xwfb/gzdt_ gzdt/s5987/202102/t20210208_ 512956. html，2021年2月27日。

150，每个互联网用户国际带宽的参考值为100kbit/s（取对数值，参考值为5），成人识字率的参考值为100等。①

对于包括教育电视在内的教育电视工具而言，ICT表现为个人和群体在ICT接入、使用、生产和应用创新上的差距，以及在此基础上对知识与信息的创造、理解、应用和吸收能力的差距。随着信息技术的发展，互联网并不能成为单一普遍的衡量标准，因此，在本研究中，"教育电视接受度差异"除了互联网这一普遍的衡量指标，还包括其他的信息传播技术手段，如电视、电脑、手机、平板电脑等普及和使用所导致的差别。

第一节　教育电视使用研究设计

本研究从城乡受众的媒介使用入手，采取问卷调查法，全面调查了调查对象对于手机、电视、网络等教育电视工具的使用情况和目的。

一　资料搜集方法

本次研究主要采用的定量研究方法为问卷调查法，用于采集研究需求的基础数据。通过问卷对调查对象进行书面形式的访问，设计出一系列问题并让受访者回答问题，以此获得间接调查信息的方法。总的来说，我们的问卷调查能够反映当时的城乡教育电视发展程度及教育电视创新发展的状况。

我们在2022年8月进行了调研，调研对象为重庆市主城六区

---

① 参见邹生《数字鸿沟问题的测度分析和对策探讨》，《北京邮电大学学报》2009年第11卷第2期。

（渝中区、江北区、沙坪坝区、北碚区、南岸区、大渡口区）以及綦江、云阳、垫江三个远郊区县。综合考察其数字资源的接入与使用情况，使调研具有全面性，能够较为客观地反映城乡教育电视市场现状。相对全面地反映不同经济水平的农村地区的数字资源接入与使用差异，以便能够更加有效地研究教育电视创新发展。

二　资料处理方法

问卷调查的数据分析，主要运用了描述性的统计方法，并以百分比、累积百分比的描述分析方式来呈现，以此来直观地描述教育电视使用的现状。

社会经济地位的衡量是一个十分复杂的问题，在充分考虑各因素的基础上，本书以"职业""收入"和"受教育程度"作为主要依据对不同的群体进行划分。

第二节　教育电视使用数据统计与分析

2022年8月问卷调查共发放问卷650份，回收问卷608份，问卷回收率为93.5%。有效样本的基本情况如下。

一　所在地分布

将居住地分为城市、乡镇、农村三级，分别占调查对象总数的48.47%、23.75%、27.78%。

二　对教育电视的了解程度

受访者中表示"非常了解"教育电视的城市居民占比17.64%，

乡镇居民占比 12.37%，农村居民占比 8.41%；"比较了解"一项中城市居民、乡镇居民和农村居民的占比分别为 29.34%、23.43% 和 14.35%；"了解一点"的比例最高，城市居民占比 46.45%，乡镇居民占比 43.57%，农村居民占比 34.21%；在"完全不了解"一项中农村居民占比最高为 43.03%，乡镇居民次之占比 20.63%，城市居民占比最少，为 6.52%。经统计，城市居民相对比乡镇居民和农村居民更加了解教育电视，教育电视的渗透率和影响力由城市向农村呈递减趋势（见图 4-1）。

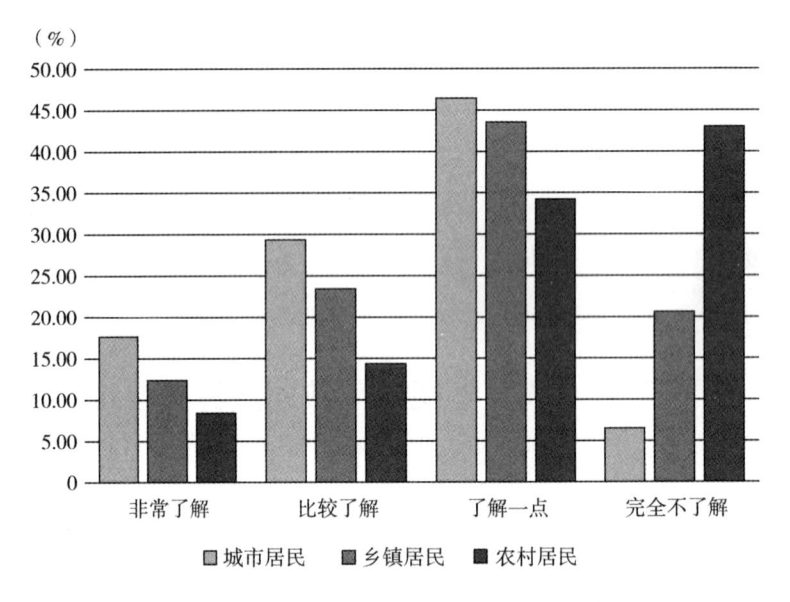

图 4-1　受访者对教育电视的了解程度（2022 年 8 月）

三　对教育电视的感兴趣程度

在对教育电视的兴趣方面，城市居民选择"非常感兴趣"的最多，占比达到 20.56%，其次是乡镇居民，占比达到 18.34%，农村居民表示"非常感兴趣"的占比最低，为 8.67%。在对教育电视"比较感兴趣"一项中，城市居民、乡镇居民和农村居民的占比分别为34.89%、27.24%和18.20%。在"不太感兴趣"一项中，城市居民占比37.42%，乡镇居民占比34.21%，农村居民占比36.41%。在"不感兴趣"一项中，城市居民占比7.13%，乡镇居民占比20.21%，农村居民占比36.72%。与了解程度的趋势类似，整体上城市居民比乡镇居民和农村居民对教育电视更感兴趣。但考虑到广播电视产业式微，加上其他媒介的影响，对教育电视感兴趣的人群相对较小，未来还会进一步减少。教育电视想要吸引受众不仅要在内容上下功夫，传播媒介也要与时俱进（见图4-2）。

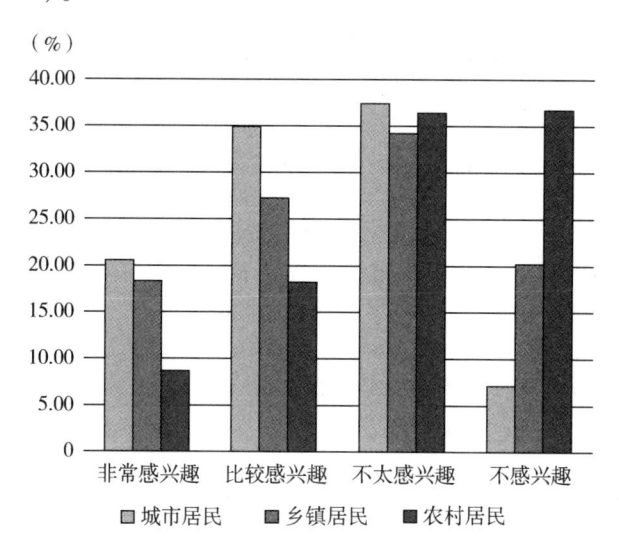

图4-2 受访者对教育电视的感兴趣程度（2022年8月）

四 对自身教育电视接受程度的认知

对于自身教育电视接受程度的认知，超过半数的受访者觉得自己只听说过，其中城市、乡镇、农村受访者的比例分别是59.29%、66.90%、43.50%。有42.28%的农村受访者一点都不懂教育电视，其比例远远超过城市受访者的8.20%和乡镇受访者的 12.70%。

和城市仅有 8.20% 的受访者自认为一点都不懂教育电视相比，农村受访者 42.28% 的占比远远超过城市和乡镇。超过一半的城镇受访者认为自己会基本的教育电视操作，这一项远高于农村的 43.50%。同时，另有 3.76% 的农村受访者认为自己能接受教育电视，其比例远远不及乡镇受访者的 12.75% 和城市受访者的 22%。

五 城乡家长对教育电视的了解差异

我们考察了城乡居民对于教育电视的认知。在考察其对教育电视的了解程度时，40.79% 的城市受访者表示对教育电视非常了解，远远高出乡镇受访者的 24.52% 和农村受访者的 17.24%。在农村受访者中，从未听说过教育电视的受访者比例占到了调查对象的 43.10%，远远高于城市受访者的 15.16% 和乡镇受访者的 22.58%。

从受访者对于教育电视作用的认识来看，城市受访者的倾向性依次是学习方便快捷（25.33%）、互动功能强（23.11%）、学习效率高（15.78%）、作业可即时批改（13.78%）、成绩提升快（9.78%）；乡镇受访者的倾向性依次是学习方便快捷（20.62%）、互动功能强（16.73%）、学习效率高（16.73%）、作业可即时批改（15.56%）、成绩提升快（8.56%）。对于教育电视的作用根本不知道的农村受访者比例占到了 30.49%，乡镇受访者占到 21.79%，城市受访者占到 12.22%。

城市和农村的受访者在从教育电视功能中接收信息方面（加快知识的传播）具有相同的认识程度，而乡镇的受访者更了解教育电视丰富的功能。因为城市受访者只有 15% 的人不使用手机上网，在手机上网的易得性上远超农村和乡镇的受访者，故他们在对教育电视手机上网的便捷性的认识上比乡镇和农村更胜一筹。最后，仍然有接近三分之一的农村受访者完全不了解教育电视的功能，而乡镇和城市的受访者对教育电视功能不了解的比率稍低，城市约10%，乡镇约20%。

六 对教育电视价值的认识

在受访者对教育电视价值的反馈中，有12.57%的受访者认为教育电视的价值是政治宣传，有36.42%的受访者认为教育电视的价值在于普及科学文化知识，有32.78%的受访者认为教育电视的价值是提高国民素质，有18.23%的受访者认为教育电视的价值是辅助学校教育。受访者对教育电视的价值认同主要集中在社会教育的功能上，这也符合教育电视对于自身的定位。

七 收看教育电视节目的情况

在教育电视节目的收看方面，有9.62%的受访者表示经常收看，表示偶尔收看的占比28.76%，有22.86%的受访者表示很少收看。从未收看过教育电视节目的受访者占比38.76%。整个电视产业的发展趋势都不容乐观，教育电视相较于商业电视台吸引受众的能力要更差一点，教育电视台收视情况受到互联网等其他传播媒介的影响，面临收视率低下的困境。

八 对教育电视作用的评价

在"教育电视在远程教育中的作用"一项中，有9.56%的城镇居民表示教育电视在远程教育中起到了非常重要的作用，城镇居民认为"非常有效"的占比7.54%，农村居民为4.87%。在"比较有效"一项中城市居民、乡镇居民和农村居民的占比分别为26.37%、21.60%和7.69%。在"效果一般"一项中城市居民占比38.46%，乡镇居民占比29.33%，农村居民占比38.88%。在"效果不好"一项中，城市居民占比24.34%，乡镇居民占比32.56%，农村居民占比37.54%。在"效果很差"一项中，城市居民、乡镇居民和农村居民的占比分别为1.27%，8.97%和11.02%。认为教育电视效果一般和不好的人在三个群体中都超过半数，反映出教育电视的传播效果并不尽如人意（见图4-3）。

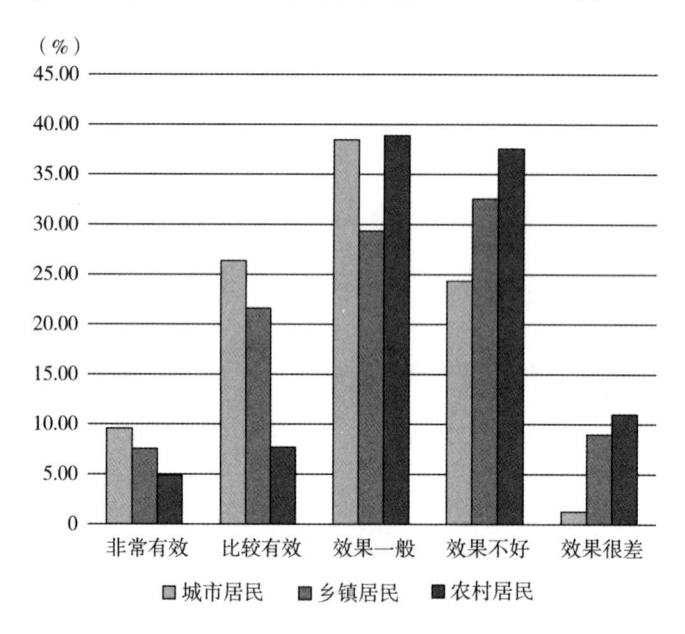

图4-3 受访者对教育电视作用的评价（2022年8月）

九 对教育电视内容的评价

本题为问答题，要求受访者对教育电视的节目内容作大致评价。经统计，受访者提到最多的问题是教育电视节目主题单一、缺乏创新性和多样性，提出类似问题的人占到受访者总数的26.71%。其次是教学内容陈旧，节目内容缺乏实时性和趣味性，难以吸引受众，提出类似问题的人占受访者总数的34.12%。有12.33%的受访者指出教育电视内容难以适应互联网时代用户需求，面对如今的交互性学习平台缺少竞争优势。此外还有受访者认为教育电视台在教育电视的制作和传播中行政意味过强，类似的问题占到受访者反馈问题总数的4.69%。除了过于行政化，还有部分受访者表示在机顶盒、智能电视的教育节目中，商业味道浓厚，不仅存在商业广告还存在大量与教育电视节目内容无关的信息，反映类似问题的受访者占18.36%。另外，还有受访者指出教育电视台的节目内容效果不好、节目内容重复等问题，这些问题占比3.79%，在此不一一列举。

十　对教育电视节目编排的反馈

在受访者对教育电视节目编排的反馈中，有14.32%的城市居民认为当地的教育电视节目编排"非常合理"，乡镇居民占比为11.78%，农村居民为7.64%。在"比较合理"一项中城市居民占比37.24%，乡镇居民占比27.14%，农村居民占比27.21%。在"一般合理"一项中城市居民占比28.54%，乡镇居民占比38.86%，农村居民占比39.74%。在"不太合理"一项中城市居民、乡镇居民、农村居民的占比分别为16.21%、19.08%和21.41%。有3.69%的城市居民表示当地教育电视台的节目编排"很不合理"，乡镇居民中这一比例为3.14%，农村居民为4%（见图4-4）。

十一　教育电视需要改进的方面

关于当地教育电视需要改进的方面，有23.84%的受访者表

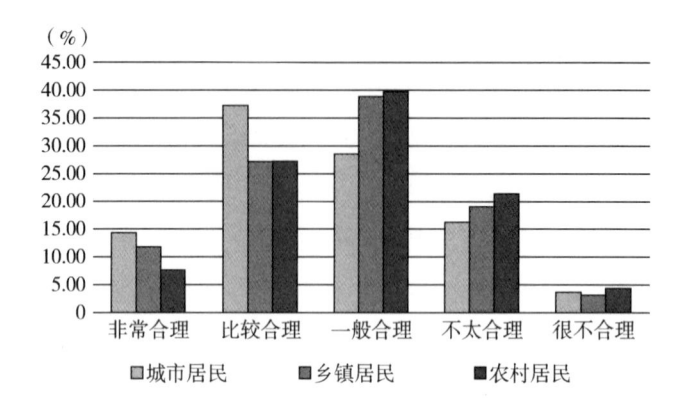

图 4-4 受访者对教育电视节目编排的反馈（2022 年 8 月）

示教育电视台的节目质量有待改进，有 12.69% 的受访者认为教育电视台的服务态度有待改进，有 17.54% 的受访者认为节目编排有待改进，有 34.24% 的受访者表示教育电视台的反馈渠道需要完善，有 11.69% 的受访者认为教育电视台还有其他方面需要改善（见图 4-5）。

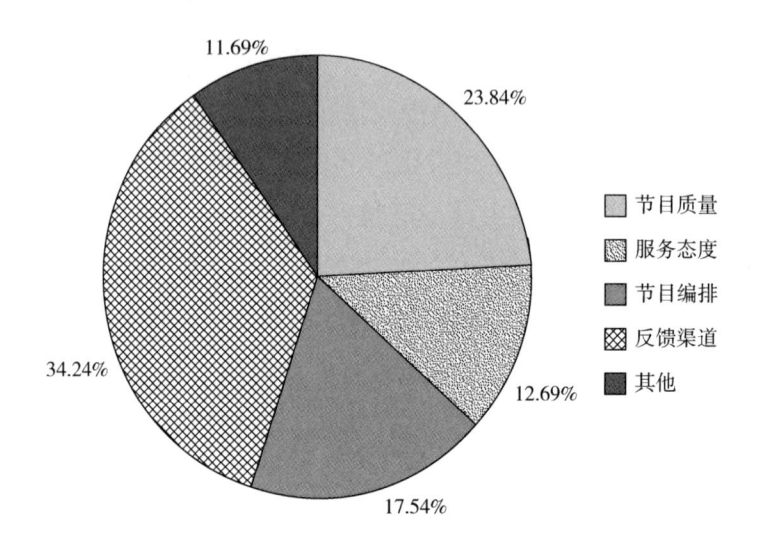

图 4-5 教育电视需要改进的方面（2022 年 8 月）

十二 教育电视台网站访问情况

在"访问教育电视台网站"一项中，有18.46%的受访者表示经常访问教育电视台的相关网站，有30.14%的受访者表示偶尔访问，有38.42%的受访者表示很少访问教育电视台的网站，12.98%的受访者表示从未访问过教育电视的相关网站（见图4-6）。

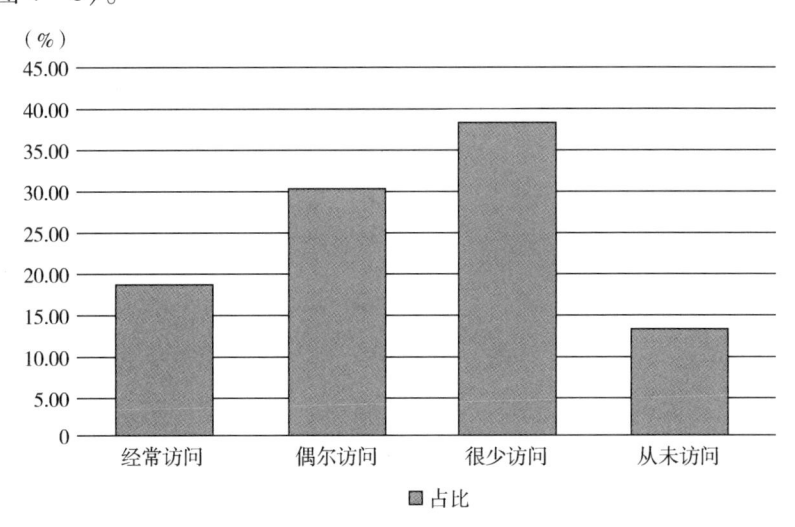

图4-6 教育电视台网站访问情况（2022年8月）

十三 教育电视台网站使用体验

在教育电视台相关网站的使用体验反馈中，有18.24%的受访者表示教育电视台网站的使用体验非常好，有27.54%的受访者表示使用体验比较好，有34.12%的受访者表示使用体验一般，有16.24%的受访者表示使用体验不太好，剩余的3.86%的受访者表示教育电视台网站的使用体验很不好（见图4-7）。

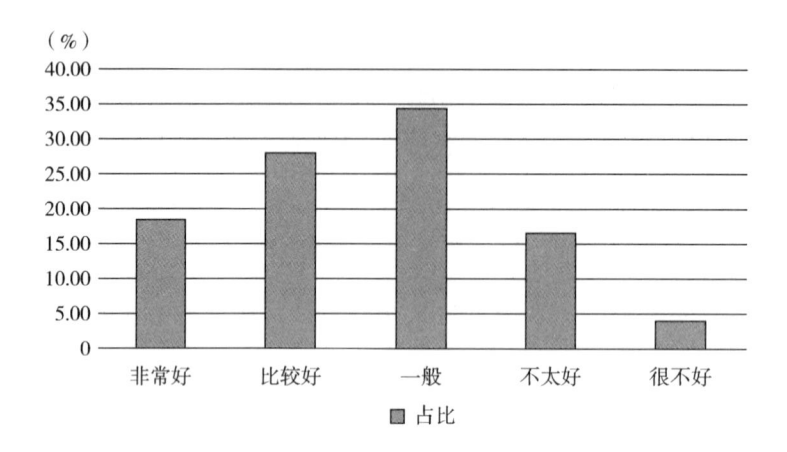

图 4-7 教育电视台网站使用体验（2022 年 8 月）

十四 远程教育平台选择

在远程教育平台的选择方面，有 17.68% 的受访者选择教育电视台为经常使用的远程教育平台，有 38.21% 的受访者选择网课，有 33.24% 的受访者选择视频网站，有 6.46% 受访者选择学校远程授课，剩余 4.41% 的受访者选择其他远程教育平台。教育电视、学校远程授课的比例有所下降，网课和视频网站所占的比例有较大提升（见图 4-8）。

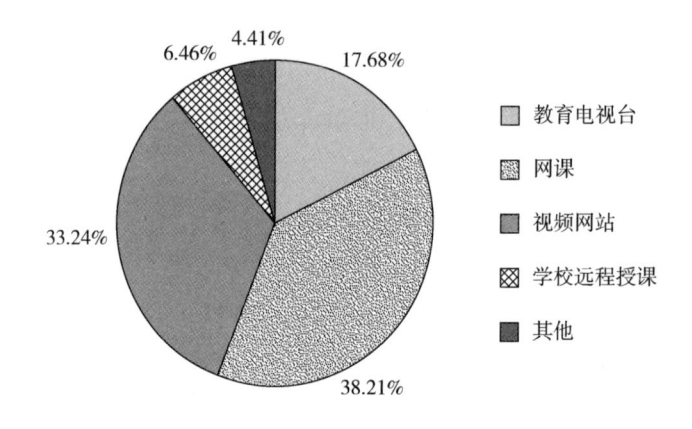

图 4-8 远程教育平台选择（2022 年 8 月）

十五　教育电视的适用对象或场景

本题为问答题，要求受访者列出一种及以上教育电视的适用对象或场景。其中 42.43% 的受访者给出的答案与学生和孩子相关，在普遍的认知观念中教育电视是作为学校教育的补充存在的。有 24.57% 的受访者提到了家长、家庭，家长的教育方式、家庭关系也是教育电视应该关注的领域，但是目前教育电视的节目缺少针对家长的节目，对家庭关系也较少涉及。此外，18.98% 的受访者提到社会教育。教育电视想要扩大受众，不能仅仅局限于学生群体，社会成员对培训、职场、就业等节目也有较大需求。8.63% 的受访者给出的答案与教师、教学相关，教育电视作为学校教育的补充与辅助，其存在不是为了取代学校教育，在公共课程、基础科学知识普及等方面，教育电视仍有较大的发挥空间。剩余 5.39% 受访者还给出与白领、农民等相关的答案，在此不一一列举。

十六　对教育电视的认知

对于教育电视的了解程度，超过半数的受访者不太清楚教育电视究竟是什么，其中城市、乡镇、农村受访者的比例分别是 42.60%、54.84%、67.80%。仅有 19.13% 的城市受访者、7.10% 的乡镇受访者和 2.54% 的农村受访者知道教育电视并一直关注着。42.60% 的城市受访者不太清楚何为教育电视，虽然与农村受访者之间相差 25 个百分点，但这组数据也说明不论在城市还是农村，受访者对"教育电视"这个专业术语的了解程度都不高。教育电视的发展还需要扩大宣传。

第五章 人工智能时代中国教育电视面临的问题

本章在上一章调研的基础上，运用教育传播学的相关理论，对我国教育电视在人工智能时代存在的问题进行梳理和分析，力求在"现状怎么样"的基础上追寻"为什么"。我们依然将教育传播学经典的布雷多克"7W"要素作为理论框架，即教学者、教学内容、教学媒体、教学对象、教学效果、教学目的、教学环境七个方面。为讲述方便，笔者对教育传播学中布雷多克"7W"模式中的各要素进行总结归纳，将教学环境合并到教学媒体板块，将教学目的合并到教学效果板块，其他不变，分别从教学者、教学对象、教学内容、教学媒体、教学效果五个方面进行分析。

第一节 教学者

一 教育电视的教学者

布雷多克认为，教育传播的"7W"模式中每个W都对应教学过程中的一个相应要素，而其中首要的就是教学者，也就是解决"谁"的问题（布雷多克，1958）。南国农、李运林也认为，在教学传播过程中首先要解决信息源,从而确定信息,在此基础上才能选择媒体、进行通道传送,最后进行接收解释和评价反馈(南国农、李运林,1996)。而从前文的调研我们发现:在人工智能时代,对于教育电视的信息源,无论是教育电视从业者,还是家长和学生,都对其存在一定程度的认知误区。这主要是因为当前在我国的相关政策法规中,教育电视的相关条款较为模糊,特别是在媒体融合、大数据、人工智能等新的教育传播技术条件下,关于教育电视信息源,各种政策文件中仍然缺乏相对明确的阐释。包括《教育现代化2035》《教育信息化2.0行动计划》,这些政策均仅从宏观层面对当前的教育工作进行指导,对教育电视的信息源规定较为模糊。

当前的教育电视台主要包括受教育行政部门领导的中国教育电视台及各省市教育电视台,受广电行政部门领导的中央电视台和各省市电视台中的教育或科教频道。其任务均是通过不同的节目形态来普及科学文化知识、传扬先进教育理念,以此来宣传国家与教育有关的方针、政策,促进学校教育教学改革及发展,促进社会大众终身学习,提高全民素质,营造公共学习环境。从教育行业的角度来看,教育电视是教育体系中的重要组成部分,电视台的教育频道和科教频道则受广电行政部门领导。教育电视其教育与电视的双重身份带来了一定的便利,但也给教学者或信息源要素的明确带来了一定困难。

二 教育电视教学者的发展历程

20世纪80年代初期,教育节目的制播在广播电视大学、电化教育馆的帮助下得到快速发展。1980年,新疆教育电视台正式成立。中华人民共和国成立以来,多年遵循"中央和省两级办电视"的模式,给电视行业打下了一定的基础。1989 年 8 月 1 日,国家教育委员会发布了《地方教育电视台站设置管理规定》,各省可以根据现实需要和条件情况,按照规定建立教育电视台。20世纪 80 年代至 21 世纪初,由于我国教育电视的平台、规模以及现有的教育资源都存在比较大的局限,所以教育信息源即教学者主要由专任教师来提供。

以 2002 年为界,随着互联网媒体的兴起和政策环境的变化,以及教育电视台存在自身定位模糊、创新能力不足等问题,国内的教育电视台发展逐渐停滞并开始衰退。2009 年 12 月 28 日国家网络电视正式开播,拉开了广电产业向全媒体服务平台转型的序幕。而互联网的快速发展改变了人们的生活形态,也冲击着媒体的生态平衡。信息与科技的发展重塑了人们接受信息、传播信息的习惯。特别是在实践中实质推进了国内三网融合的进程,这对于家庭电视的革新极为关键。三网融合促进了传统广电网络共享互联网、电信网的数据和资源的实现,电视业务形态也开始出现多元化的特点。而由于互联网为信息的传输拓宽了渠道,信源端与使用终端的构成成分都在这一时期发生着深刻的变化。互联网的出现打破了最初的信息来源边界。这一时期,我国教育电视的信息源或教学者既延续了之前专任教师的作用,同时又吸纳了很多非专任教师但又有一技之长的内容生产者的经验。

三 教育电视教学者的发展趋势

作为教育电视的教学者,其教学的信息源存在下沉趋势,由于地方性教育电视媒体平台的普遍发展,区域教育电视深耕地域特色文化,挖掘独特教育资源,成为其立足的优势。以武汉教育电视台为例,自 2009 年起,该台重点打造了文化品牌节目《我爱武汉》，以历史人文景观为切入点，播出了"桥系列""地名系列""水系列"，全景式铺陈武汉的地域文化。2011年，武汉教育电视台又开始制作大型系列纪录片《汉阳造》，向观众详实地介绍了这一在历史上名声赫赫的品牌的故事，成为一本全新的爱国主义教育教科书。该节目在当地收获了良好的收视率，播出三年位列武汉地区文化类节目收视排名前三甲，并带动了当地结合节目主题开展针对青少年的文化培训市场。这个节目的成功，得益于地方教育电视台"深耕地方，面向全国"的制作思路，充分利用了自身的资源和优势。而其他全国性教育信息源如中国教育电视台以面向全国用户为主，在具备了基础能力之后才考虑下沉市场，两者的发展路径和理念存在明显差异。

教育电视教学者的下沉优势还表现为教育形态的下沉，即全媒体的教育方式呈现O2O等多元发展态势。例如，各地电视台结合教育频道、教育类栏目，与政府、社会力量合作，在当地举办地方文化、特色文化、民族文化的推广与教育体验活动，将电视教育教室搬到了学校、单位、街道、广场、田间，从而形成多信息源。由此可见，教育电视信息源的下沉不只是在线上教育领域，在整合线下资源方面也具有突出优势，将两者无缝对接，吸引当地教学对象深度参与，有利于教育电视在新的教育传播技术背景下培养立体多元的教学者。

第二节　教学对象

一　教育电视的教学对象

在解决"谁"的问题之后，接下来要解决的是"面向谁"的问题，也就是在布雷多克教育传播的"7W"模式中与信息源相对应的要素——信息接收者，即教学对象。教育电视的教学对象可以涵盖所有的电视使用人群。因此电视信号覆盖率直接影响着教育电视的教学对象基数。在此基数之上，教学内容又直接关系到教学对象也就是学生群体的具体构成，在互联网发展的背景之下，既有的教育电视教学对象也在发生着改变。

教育电视的教学对象正日益扩大，但当前人工智能时代下的教育电视仍未能精准定位教学对象。著名教育家叶圣陶先生曾提出"因材施教"，教育电视需要根据不同的教学对象设计教学内容，实现不同的教学效果，达到不同的教学目的。当前智能技术与教育领域深度融合背景下的教育电视对两大教学对象的特征研究不够，也疏于对教学对象间的情感关系、协同学习关系，以及对教学对象与教育电视间的关系的研究。

根据教育传播学的相关理论，孩子与家长的身心发展状况、知识基础、认知能力、学习动机等因素都会对教学对象在家庭环境中的学习效率产生影响。而我们在调研中发现，当前教育电视对教学对象重视不够。以儿童教育节目为例，按照布雷多克和教育技术学的相关理论，教育电视台是以年龄、受教育程度来划分教育电视的教学对象，在此基础上依照教学对象的兴趣爱好和学科来划分课程类别。教育电视需要在幼儿教育电视节目中运用讲故事、绘画、唱跳等方式，同时配备专门的家长课堂，需要对此类教学对象设计更有针对性的节目与教学方法。

二 面向家庭

家庭成员间的情感关系也是我们了解教学对象的重要参考依据。而家庭用户中教学对象的情感关系主要包含了三种，即亲子关系、家庭中年长者与年幼者的关系和夫妻关系。在教学对象的情感关系中，家长对孩子兴趣爱好的影响很关键，反之孩子的教育需求也往往促使家长与之共同学习，家长与孩子在家庭场域中共同学习的代际学习模式也逐渐凸显。未成年人，尤其是低龄儿童的学习十分依赖家长，家长的教育价值观与主观期待是孩子学习的外部环境，直接或间接地影响孩子。此外，由于国家二胎政策的开放，教育电视越来越重视亲子关系中兄弟姐妹的情感关系，年龄较大的孩子在家庭中的意见更加突出。父母如何科学育儿、如何辅助孩子学习，家庭隔代教育等也是诸多家庭亟待面对的现实问题，同时也给教育电视带来了不同的教学对象。家长作为教育电视的教学对象，其身心发展相对成熟，已有的认知水平较高：一是依据自身的工作生活经历，有某些领域的专业知识和经验，这些知识和经验可以转化为兴趣爱好和学习动力；二是有全面稳定的认知结构，拥有自己的思辨能力，能产生独立的观念。

三　面向需求

作为教育电视载体的电视，其传统意义上的位置在客厅，被认为是将一家人聚集在一起的"家庭媒体"。调研中提及的教学对象与教育电视间的关系是指孩子、家长、教育电视三者之间的关系。家长、孩子通过教育电视来实现家庭中不同世代的家庭成员建立一个更具凝聚力的学习共同体。教育电视一则拓宽了全家的知识眼界，二则充当了发展家庭亲子关系的有效方式，三则营造了家庭学习氛围，促进家庭成员的终身学习、快乐学习。教育电视的教学对象存在不同的需求，家长在选择教育资源上有绝对的话语权。这里的家长包含了父母及一同居住的老人，家长中的"意见领袖"始终把握教育电视资源导向。随着孩子年龄的增长，孩子慢慢参与到选择内容的讨论中来，选择教育电视节目的话语权逐渐向孩子倾斜。而当今的教育电视由于智能化程度不够深入，并未做到真正意义上的"以受众为中心选择"模式，未能结合二者的需求来定位教学对象。由于教育电视台疏于对主、次要教学对象之间关系的研究，未能让家长与孩子的需求得到充分满足，也未能达到节目的传播效果，从而使得相当一部分教学对象放弃教育电视转向其他教学形式来获取教学内容及教育机会。

第三节　教学内容

近年来，电视机终端的迭代演进，让家庭电视成为了智慧中心。以此为基础，智慧社区、智慧城市、智慧健康、智慧教育等内容建设也随之发展。2018 年 11 月 22 日，全国"智慧广电"建设提档升级，建设智慧家庭成为重点工作。智慧电视早已告别传统机顶盒的时代，市场上出现了各类更具智慧印记的电视盒子、"智慧家庭数码港"联动手机、平板电脑等终端，开启了多屏互动、云计算、人工智能的电视时代。目前教育电视在教学内容上的问题主要集中在节目主题、内容形态、生产方式这三个方面。

一　节目主题

教育电视节目主题单一、泛化，未能拿捏好教学内容的深度。这里的单一主要是指以孩子为目标受众的节目主题比较单一。如以少儿群体为目标受众的教育电视，主要以学校课程的延伸学习课程为主，科普类、健康教育类的节目较少，节目缺乏创新性、多样性。同时，教学内容缺乏新意，部分教育内容过于浅显，未充分对相应的教育知识和内容进行全面剖析和深入讲解，造成教育电视教学内容过于表面化，难以更好地达到育人的效果。泛化问题主要存在于以家长为受众目标的节目，节目主题涉及的领域有人文地理、健康运动、商业财经、职场技能、母婴孕产等，几乎面面俱到，但围绕家庭特定需求的却不多。内容不够深入是指内容不够专业深入，究其原因是由于缺乏对目标人群（如儿童、女性）心理的专业研究与教育专业人士的参与，使得某些教学内容太过肤浅甚至有知识硬伤。

二 内容形态

教育电视教学内容形态陈旧。部分教育电视的节目形态以单元课程讲座为主，不仅难以更好地引起群众的思考和注意，也会影响教育电视节目的传播效果。尤其是不少教育类节目依然是学校课堂的翻版，说教性强，节奏紧张，没有从学生心理出发，一味以知识灌输为主，也没有很好地应用人工智能时代下的大数据发掘和分析的作用，忽视了电视寓教于乐的功能。部分少儿节目没有遵循少儿身心发展特点和认知水平，在节目中运用大量蒙太奇手法，造成了理解障碍。教学内容系统性、互动性欠缺，对课程学习中的学习情境营造不足，如在历史文化类教育节目中对于社会文化背景的交代比较匮乏，往往是一张静态图片就草草了事，对于细节的刻画不够深入。对于操作性强的知识课程如物理、化学等的展示仿真还原度不够，缺乏操作步骤详细、多角度拍摄的高清视频，代入感不强，尚不能满足不同学科课程的需求。同时，交互性的教学内容不足。在融媒体平台、机顶盒及智能电视中，教学对象可以参与教学内容的制作，还能与其他教学对象相互交流，或者直接参与教育电视教学内容的编导与制作。

三 生产方式

教育电视教学内容生产方式以传统的 OGC 为主，PGC、UGC 则占比很少。而传统的 OGC 模式人工成本高，已经不适应新时代的要求。融媒体发展推动了互动方式的转变，但在教育电视的信息传播过程中，受众一直处于被动接收信息状态，要想让教学对象参与信息的创造活动，就需要给他们一个恰当的交流渠道，来让他们发声。现在对教学对象开放的渠道主要为参与教学内容的评论，内容制作者借助评论来对节目进行调整和加工，这种交流互动的方式对于节目质量的提升是远远不够的。除线上评论外，借助智能技术使教学对象直接或间接参与节目制作也应得到重视。同时在内容生产方面还出现商业化与行政化两极分化的矛盾。在教育电视中，部分教学内容成了党政机关、教育部门的新闻节目。另外，机顶盒、智能电视的教育节目商业味道浓厚。其在制作与经营方面的商业化，很大程度上影响了其教学内容的生产。

第四节 教学媒体

一 教学媒体范畴

在以上新的教育传播媒体环境下，教育电视教学媒体的范畴已经被扩大，由四种教学媒体组成。

第一，传统教育电视台。中国教育电视台和地方教育电视台，其最大困难就是外部竞争加剧，新媒体平台上提供的实时互动、主动学习方式给其造成很大压力。而在互动方式上，传统教育电视台仍以点对面为主，互动不够深入。

第二，传统教育电视台的融媒体。传统教育电视行业在台网互动的基础上推出的融媒体平台，依照融媒体平台特色来分发信息。包括网站、APP、微信、微博、抖音等社交账号，实现多屏互通。

第三，IPTV 机顶盒。教育电视节目集成在机顶盒内，能提供回放、点播功能，但基于电视机和机顶盒的教育电视，不能满足互联网发展媒体平台化、移动化、智能化的需求。节目源大多为教育培训机构等，如中国移动机顶盒内就设有语文（人教版）课程，家长与孩子能在家一同复习；同时机顶盒内还有培训机构的内容，但电视仅仅只是作为大屏显示器来展示培训机构发布的课程。此外，在节目播放的过程中向移动端引流，如扫描二维码下载 APP 或关注微信公众号，加大用户黏性。机顶盒及智能电视可采用边缘计算、网络切片等新技术收集底层数据，对数据反馈进行加工，把握教学内容方向。

第四，OTT TV 智能电视。智能电视是带有处理器，用户可自行安装和卸载各类应用软件的电视产品，是新技术融合到电视机与机顶盒的产物。智能电视和有牌照的网络企业合作，信息源丰富，其中与教育相关的版块不止一个。如小米电视联合 GITV 推出了两个教育板块，一是"在家上课"，二是"课堂"。两者均是以教学对象为中心来设置课程，前者面向孩子，后者面向家长。"在家上课"有不少亲子课程，以动画的形式演绎出来，目的是让节目不枯燥，但其商业味道浓厚，像"万花筒"一般过度堆在电视上。课程的重复与分类混乱带来了较多的隐形干扰，使得学生注意力难以集中。节目基本为单元收费节目，家庭用户很难从试播节目中判断节目质量的高低。此外，智能电视的直播、点播数据有利于分析用户反馈，但是，目前为止智能电视数据收集、特性分析还没有被大范围地充分挖掘和利用。

二 教学媒体环境

教育传播学认为，教学环境对教育有着重要影响。技术的进步会带动教育方式、教育媒体平台和教育效果的全方位变革。在新的教育传播技术条件下，教育电视的教学环境特别是媒体环境发生了巨大的变化。媒体环境包括 IPTV 媒体平台和 OTT TV 媒体平台。IPTV 在功能上最主要的表现就是即时直播、节目观看无时间限制及数字电视等，它是电信和互联网业务，是以电视栏目内容为基础的信息资源服务。而如果作为教育电视，IPTV 媒体平台利用有线的电视网络为其自身提供 IP 信息的服务。IPTV 媒体平台已经不再是传统的电视服务形态，它可以实现按需点播、调整时间进度、过时进行回看等多种增值服务，用户不再受时间的限制，有权自主选择。IPTV 的点播服务，让用户在时间的调度上实现了自主选择，而这种自主选择正是教育电视所需要的。教育电视的主要受众群体为学生，学生在工作日忙于学习，根本没有或者很少有时间可以按照电视台的节目编排表观看节目，这种点播服务则为学生群体提供了一个相对人性化的选择机会，可以根据自己的时间和兴趣观看适合自己的内容。

OTT 是"Over The Top"的缩写。"Over The Top"指"其业务运营在互联网络之上"。它最典型的特点便是 OTT 媒体平台的内容提供商就算没有自己的物理网络也可以进行运营，只需要接入互联网，即通过 ISP 的物理互联网进行运营即可。而 OTT TV

（Internet TV），是一种 OTT 的服务。它是一种全新的视频服务模式，可自主选择和连接视频的播放，通过网络传输集成内容制作，满足受众信息服务的需求。这种"三网融合"背景下电视产业的创新模式通过这种技术能够实现低码高清，也就是指能够将高质量的高清节目用非常低的编码进行压缩。正如高清的电视应用只需要传统的 4M 宽带就能满足承载需求，OTT TV 媒体平台也使用户降低了对于网络宽带质量的要求。

OTT TV 的显著特征就在于其极强的互动性，而教育电视的互动性可以说在一定程度上是十分滞后的，比如中国教育电视台的互动仅仅是在评论区进行互动。因此，若 OTT TV 可以和教育电视进行适当的结合，不仅有利于电视台更好地了解观众的需求，制作出更符合目标受众口味的节目，还可以加强用户的黏度。

大数据在教育电视领域的运用，使"算法节目制作"（Algorithmic Programming）已成为教学内容制作的趋势，通过对海量数据的采集了解学生的收视兴趣、关注热点、消费痛点、心理特征，运用算法找出学生的共同心理需求以及在课程模式、教育方式、课程模块等创作元素方面的倾向和规律，教育者根据这些分析结果进行教学内容制作，颠覆了传统的教学内容生产和教育模式。通过大数据分析在网络上完成的课程内容的选择等契合了学生的观赏需求，借助 OTT TV、IPTV 等终端的 EFG 推荐，带来了高收视率和美誉度。此外，依托大数据分析、可视化的数据教学内容也应运而生，2020 年中国教育电视台特别节目《开学第一课》就是其典型代表，通过对数据的可视化呈现，使节目更具可信度、权威性，带来别样的内容体验。

三 教学媒体形态

教育电视的教学媒体形态随时代发展不断转变。1983年，两级办电视的模式被打破，"四级办电视、四级混合覆盖"的发展战略，成为后来电视产业蓬勃发展不可或缺的一步，也为之后教育电视台成为主要的媒体形态提供了必要条件。1985年，中共中央又提出了"广播电视教育是我国教育事业极为重要的组成部分"。从此，广播电视教育得到了极大的政策支持，并在国内逐步推进。《中共中央关于教育体制改革的决定》（下称《决定》）中明确表示，各地必须有专门的电视频道用于教育。《决定》提出一年之后，中国教育电视台（CETV）成立。在卫星频道的助力下，我国教育电视达成了扩大覆盖面的初级目标。

1989年《地方教育电视台站设置管理规定》出台后，教育电视台迎来了一段快速发展的时期，建成了世界上最大的教育电视节目传输网络。1994年9月，中国教育电视台（CETV）建立了北京发射台；两年后，中国教育电视台北京台（CETV-3）开播⋯⋯在此阶段，传统的教育电视台和各级电视台教育频道一直是教育电视最主要的媒体形态。

而随着互联网媒体的兴起和政策环境的变化，以及教育电视台存在自身定位模糊、创新能力不足等问题，国内的教育电视台发展逐渐停滞并开始衰退。2010年，《推进三网融合的总体方案》出台。一系列政策推动我国广电行业不断打破界限，改革创新。

虽然在政策上不断改革和调整，但这一时期的教育电视台依然举步维艰。首先，围绕事业体制的问题多年争论不休，面对教育和广电部门的双重管理，教育电视台的突破和创新发展在一定程度上被束缚了手脚。而电视台的普惠性质也要求其教育内容不能过度商业化，仅依靠政府拨款使其长期面临资金不足的局面。其次，教育电视本身的定位问题使得资源分配更加失衡。当然来自于互联网产业的冲击则更为致命，互联网教育平台对远程教育的分流使得教育电视台不可避免地走下坡路。

当前教育电视的教学媒体由隶属教育行政部门的各级教育电视台和隶属广电行政部门的各级电视台的教育或科教频道组成，它包括以下几种形态。第一种是各级传统的教育电视台和各级电视台教育频道，它们按传统电视节目表播出传统的教学内容。第二种是各级教育电视台和电视台的"两微一端"，即微博、微信公众号与 APP 客户端，融入了更强的互联网基因。第三种是各级教育电视或电视台控制下的机顶盒，机顶盒已成为了一个融媒体平台，集成了各种教育电视系统内外的内容。第四种是互联网硬件厂商如小米推出的智能电视。它们将人工智能技术和电视媒介相融合，教育内容更多元，但前提是要获得广电行政部门批准的牌照。当前的教育电视在各种信息源的支撑下，以专业教育和提升个人素质的社会教育为目的，以全媒体为技术手段，对教育、教学内容和教学过程进行转型。

第五节　教学效果

一　教师角色转型

人工智能时代的教育电视在某种程度上呈现出一种"去教师化"的状态，教师角色发生了转变，成为了教学对象学习和发展的促进者。原本教师控制、管理、帮助和指导的职责转移到了教育电视背后的教师或信息源，以及作为协同学习伙伴的学生家长。由于学生习惯了传统线下教学中教师管理的模式，且不同的学生所采用的学习路径、所遇到的困难不完全相同，此时如果教育电视后台不能针对具体教学情况作出适时反馈和调整，则会造成学生学习效率低下、学习热情被削弱。有学者认为在课程中应设立虚拟教师的角色，在教学实践中对学生进行启发、引导（杨彦军、罗吴淑婷、童慧，2019）。而没有设立虚拟教师角色的视频则教学效果较差。人工智能时代，在大数据、边缘计算、IoT 等技术支持下的 AI 教师可以根据用户的喜好定制，并在教学过程中为教学对象提供强互动体验，成为连接智能教学场景的重要媒介。必须要设立教学过程中的组织者、指导者这一角色，这样才能建构有意义的学习帮助者、促进者。

此外，人工智能技术支持下的教师角色转型从另一个方面来说也提升了教师的教学效率。过去教师往往担任知识性的教学角色，不仅要在教学过程中对学生进行指导，在课后仍要从事作业批改等繁琐、机械、重复的脑力工作。人工智能时代教育电视中的虚拟教师就可以承担此类繁琐、机械性的工作，让真人教师从此类工作中解脱。真人教师的育人角色将越来越重要，教师的工作也转变为对学生能力和个人品德的培养与教育。学生将在教师的陪伴下，通过解决问题进行学习、获得知识，学会自主学习、独立思考、协作协同、知识迁移和运用，从而提升综合素质与综合能力。

二 教学数据分析

教育电视的教学效果评价应借助广电网络和教育电视终端，对学生的教育大数据进行收集，并在教育电视自身的机顶盒等处理器中进行数据先期处理，但这只是保证教学效果的第一步。教育电视保证其教学效果的基础不仅是流动的大数据,还有由各个教育对象的教育数据联结而成的数据"云",人工智能时代教育电视的发展重心不再是教育电视节目提供,而应是教育数据分析,通过跨平台数据的挖掘、分析、整合,真正地理解教学对象,在已有数据分析的基础上为学生提供差异化的、持续性的产品体验,以最终保证教育电视的教学效果。

而我们在调研中还发现,当前教育电视对教学数据的分析不足。当前教育电视对教学效果的把握取决于各类媒体平台的统计方式,通过人工智能、大数据、云计算等新的教育传播技术手段对教学效果的反馈关注不够,当前的教学评价不完整,甚至在某种意义上没有基于教育技术学理论的教学效果评价体系,不少教育电视台仍沿用老旧的收视率标准,以纯粹传播学而不是教育传播学的角度来考虑教学效果。而教学效果评价的缺失带来的直接后果主要表现在教学对象在教育电视节目中被动地遇到问题时,不知道当前问题如何解决,以及在哪里能获取详细资料,如何对下一个课程进行相关的知识预备。究其原因,大部分教育电视节目在进行教学系统设计时,缺乏基于教育学的专业指导,因此也没能建立与人工智能技术相关的在线信息资料库和相关的教学效果评价反馈系统。

三 教学场景应用

场景是文化与科技融合的产物。早在古希腊时代,柏拉图等学者就描述了"感官体验"的特点。不管是电影或戏剧的场面,还是真实生活的情景,场景一词都与特定的时间、特定的空间有关,每个场面或情景都由特定时空内具体的人与人、人与物之间关系的交错集合构成。时间、空间、人物、事物,以及四者组合而成的关系或事件，是场景的核心关键词。而所谓"场景化"，是指引发用户在特定时间、特定环境中产生特定心理感知或行为实践的概念化表达，通常是运用相关技术手段计算和掌握用户偏好，从而为用户提供"个性化""精准化"的服务和产品，并且能够实现用户需求满足的实时化。

我们在调研中发现，教育电视台对作为其核心教育工具的电视大屏深度开发有限，大部分只将电视大屏作为教学节目播出界面或向教学对象提供的单一认知工具，部分教育电视台提供了微信公众号的二维码及网站，但基本上是与商家合作，为其产品做引流。此外，在人工智能时代背景下基于电视屏幕的人机互动教学方式也被忽略。

人工智能时代，教育电视应探索运用虚拟现实、混合现实等新技术带来的机遇，综合运用大数据、云计算等多种技术手段，以电视高清大屏为中心，对面向用户的终端设备或界面进行相应改进。这种基于屏幕的互动式教学模式可以突破时空的限制，使教学对象更为自然地融入教学环境之中，增加了趣味性，也提高了教学对象主动学习的意愿，实现用户即时场景连接与感知，让各种场景的关联链条、关联属性产生良性发展，最后提高教育电视的教学效果。综上所述，当前教育电视对于屏幕的开发程度较低，并没有把作为自己独特优势的大屏作为教学效果回馈的一个界面或媒体平台，也没有将其作为教学效果提升的技术支持。

第六章　人工智能时代中国教育电视创新发展路径

本章在前文对现状进行调研和分析的基础上，力求在"现状怎么样"和"为什么"的基础上探索"我们怎么做"，即进行人工智能时代我国教育电视创新发展的路径探索。我们依然将教育传播学经典的布雷多克"7W"要素作为理论框架，即教学者、教学内容、教学媒体、教学对象、教学效果、教学目的、教学环境七个方面。为讲述方便，我们对教育传播学中布雷多克"7W"模式中的各要素进行总结归纳，将教学环境合并到教学媒体板块，将教学目的合并到教学对象板块，其他不变，分别从教学者、教学对象、教学内容、教学媒体、教学效果五个方面进行分析。

第一节　教学者

一　教育电视教学者的界定

教师是教育事业的核心资源，也是教育电视的核心资源。无论是义务教育、高等教育，还是当下兴起的线上培训教育，都将师资队伍视为争夺、建设和宣传的核心要素。因此，谁拥有更优质、更庞大、更专业的教师队伍，便会在课程开发、授课效果、学员口碑、市场影响等方面占据有利位置。

人工智能时代的教育电视也必须重视教师资源的培养和开拓，其中包括了各级在校教师、专业培训教师，以及社会各级培训机构等的师资。各行业的领军人物、专家学者、代表人士，甚至是娱乐偶像、影视明星，都成为教育节目的嘉宾老师。全民学习时代，用户对教育的需求已经脱离单纯的学业完成，知识面的扩展、人文素养的提升、对老师的仰慕，以及在学习中交流和碰撞的期待都成为教学对象多元化的需求。对于教育电视而言，其依托电视台的功能和影响力，具备了汇集社会顶尖教育资源的媒体平台优势。根据节目或课程需求，在条件允许的情况下，政府官员、企业家、教育学者、专业人士、社会贤达、名人名士等都可以成为当期主题的嘉宾老师，教育电视台亦可借鉴其他频道和节目的资源利用思路。以央视节目《开讲啦》为例，节目定位是青年教育，每期设定的主题、主持人的风格以及邀请的主讲老师，都要符合"中国首档青年电视公开课"的定位。节目推出后，颇受青年及大中小学生喜欢，其教育意义和效果斐然。《开讲啦》的"老师"可谓重量级，前联合国副秘书长沙祖康、中国核潜艇之父黄旭华、中国文联副主席陈振濂、歼—20首飞试飞员李刚、英国剑桥公爵威廉王子，以及篮球明星姚明、电影导演陈凯歌等，都曾站上节目的讲台与青少年们分享自己的思想、理念、经历，在互动中答疑解惑，让同学们受益匪浅。这样的师资是其他互联网教育媒体平台难以想象的，是教育电视可以长期发展的优势之一。

除了教师资源，教育电视的资源优势还表现在制播人员的专业性上，因为多年的教育类节目制作及传承，无论是在节目和课程的策划、录制、编导、后期制作，还是在推广、宣传方面，教育电视都具备了专业、团队、经验等方面的优势。一是教育政策资源，鉴于电视的特殊性，获得政策支持的几率相较社会商业教育媒体平台更大，这也为开辟更多的优质特色课程提供了可能。以 2020 年新冠疫情期间开设的网课为例，各地针对中小学"云课堂"都进行了统一安排，有线电视、教育电视便成为了主要媒体平台。如广州市教育局开设的"广州电视课堂"，制作了品质较高的网络课程，免费向广州师生开放，其网课媒体平台主要通过有线电视、网络电视（IPTV）以及网络媒体平台等渠道播放。同样，长沙市教育局也联合多个网络渠道，让学生通过有线数字电视等上网课，只要家里有机顶盒，能正常收看电视，就能进行学习。二是技术优势，电视节目和课程的制作借助人工智能、大数据、云计算等智能化技术，完善节目内容，也可以生成智能导师或智能主持，根据情境一对一地为学生量身定制个性化的教学计划，在后续的学习过程中也可以持续追踪、实时分析，以便学生达到更好的学习效果。三是硬件优势，电视节目和课程的制作是一个需要硬件支撑的工作，不同的设备和技术出品的教育产品存在质量差异，这极大地影响教学对象的兴趣和选择以及学习体验和效果。教育电视背靠电视台资源，其制作技术、设备、场地均有保障，可以满足长期优质制作的需求。

二 教育电视教学者创新

教育电视以电视作为传播手段，而电视的传统定位在家庭，被称为"客厅媒体"。在人工智能背景下，万物皆媒，一切互联，人机共生。对于家庭来说，其最重要的技术进化，是基于新教育传播技术，通过有线网络（光纤或铜缆）入户，以家庭路由器为中心、以 WIFI 技术为基础组建的家庭局域网，进化为依靠蜂窝移动通信和近距离无线通信技术的无线新教育传播技术网，即固定式的无线网络传输（Fixed Wireless Access，FWA）。家庭内部人与人、人与物、物与物的网络连接进行了重构，物与物的通信因为高带宽和低时延，变得更加频繁而重要。

　　我们可以引入家庭智慧教育，所谓家庭智慧教育，笔者认为是家庭借助人工智能、物联网、云计算、边缘计算等新技术，参照小米、华为智能家庭生态的成熟架构和技术实践，借用智能电视、小米、华云、中国电信"天翼"家庭网关等相关成熟市场产品，在此基础上，教育传播全程得到人工智能辅助的教育。智慧教育中人工智能、大数据分析及 VR、AR、MR 等的引入依赖强大的运算能力，需要实时调动一切可运用的运算资源。而电视作为传统意义上的客厅媒体，一般来说，不需要考虑其移动性和电池电量，一般依靠 220V 室内固定供电。电视相对手机的大体积也让其对散热等条件更加宽容，可以安装大功率处理器与存储单元，进行大量的数据处理，通过物物联结，集合家庭所有智能设备的运算能力，成为家庭智慧教育的新教育传播技术节点及在地运算联结点。提高在地运算效率，同时也减少了数据及运算向社会云端上传和下载的负担。

　　教育电视与其跟以手机、平板电脑等为终端的其他家庭远程教育方式死拼个性化、移动化与私密化，不如将其定位于"家庭的智慧教育港"，即充分发挥电视屏幕更大、更少考虑移动性和电池电量等限制条件、更有可能安装大功率处理器与系统设备的优势，为各种手机、平板电脑、电脑等传统意义上的个人终端开发出基于新教育传播技术网络物物联结的软件或硬件接驳方式，教育电视一方面扎根家庭教育，成为了个人教育与社会教育之间的桥梁,另一方面也成为了手机、平板电脑等各种个人教育终端的智慧教育接驳港。在此基础上集合和开发了多种教育电视的信息源即教学者,设计社会、家庭、个人多个层次,由此实现了教育电视的教学者创新。

三 教育电视创新的现实意义

首先,人工智能时代,一般说来,家庭成员个人的学习及知识结构是会相互影响的。经过家庭成员共同学习所得到的知识,往往是更有力量的。教育电视着力于家庭层面的教育相比个人层面的教育更有效。

其次,教育电视创新的最主要特征是新教育传播技术的提前使用,教育电视通过与互联网的连接,完成物联网的信息交换和通信中心功能,使教育电视成为家庭内部智能化识别、定位、跟踪、监控和管理的中心,成为家庭与外界进行教育数据交互的桥梁,成为教育电视的大数据信息源。

最后,教育电视还可以为家庭教育决策提供辅助,按照卡内基梅隆大学的赫伯特·西蒙的观点,利用存储在计算机里的信息来辅助决策,人类理性的范围将会扩大,决策的质量将会提高。

综上所述,教育电视不仅是一个视听教育媒体,更是家庭与知识源之间的一个集成处理媒体平台与桥梁。在人工智能时代新的教育电视中,教育数据的处理和运算通过"云端"的分布式计算来实现,这种云计算不仅包括个体教育数据信息的处理,还包括家庭成员间、家庭与社会的交互和教育数据处理,人工智能时代的智能教育电视终端向下处理家庭教育,向上联结社会教育,成为了家庭这个社会基本细胞的教育数据处理中心及社会教育的智慧节点。教育电视也在新的教育传播技术的支撑下,拥有了复合立体的人机融合教师队伍，以及理论上可以不断深度挖掘的多元信息源。

第二节　教学对象

一　教育电视的教学对象

受到教育传播技术的局限，传统的教育电视在教育过程中采用"以电视为中心"的点对面的教育方式，注重节目内容制作，且由于受众数量众多、范围广泛，不能进一步明确教育电视的教学对象。当前人工智能时代背景下新教育传播技术的发展使教育电视由原来的"以电视为中心"的模式逐渐转变为"以学生为中心"的模式，在这种模式下，学生的主体地位得到凸显。教育电视可以在教学过程中焕发学生学习的主动性和积极性，保证学习效率。

人工智能时代教育电视的教学对象正日益扩大，主要包括学科类教学对象和非学科类教学对象。学科类教学对象主要为在校学生，教学内容多以面向小学、中学的课程以及学校课程的课外延展为主，常以学科类别进行分类，如语文、数学、英语等。非学科类教学对象则涵盖的范围更广，主要包括以下几类。

第一类，学生。随着所在年级的递进，学生的认知能力逐渐成熟，知识体系更加完善，他们学习的知识点也更加深入、学业更加繁忙，在学习之余也可以通过教育电视内容了解许多校外的知识，寻找、发现其兴趣领域。

第二类，家长。当前有众多以家长为受众目标的教育类节目，家长观看教育电视的目的一方面是出于关心孩子的教育情况，与孩子共同学习，可以在掌握知识点后辅导孩子的学习，借助权威的教育媒体平台新闻获取相关的教育政策；另一方面则是依照自己的兴趣爱好和生活需要，拓宽自身眼界，在轻松的家庭环境中获取知识，而受家长观看电视的影响，孩子也能潜移默化地获取到新知识，达到协同学习的效果。

第三类，其他对教育电视内容感兴趣的人。教育电视内容涉及广泛，包括科学、历史、教育等，加之操作简单，使用便利，也会吸引一批对相关类型节目内容感兴趣的观众。

二 基于教学对象的创新发展路径

教育电视相比其他远程教育工具，通过终端设备的操作简化，以及视频内容的编排和传播，受众解码信息的难度大大降低。例如中央电视台科教频道（CCTV-10）的《走近科学》《考古公开课》等栏目，其受众并不局限于专业人员，对科学和历史、考古感兴趣的成人和孩子都成为节目的粉丝。就算是低年级的学生，也可以通过遥控器迅速锁定频道，并成功获取相关知识。在新的教育传播技术背景下，教育电视的教学对象应该重新定位。

（一）借助人工智能挖掘潜在教学对象

人工智能让教育电视已经不仅仅是一个远程教育手段和传播媒体，更是一个教育数据资源地。用户的教育数据逐渐演变为教育电视的一笔重要财富，成为了解、研究现有教育对象和挖掘潜在教学对象的重要来源。通过对学生观看教学内容种类、关键词搜索、观看时长、作业上传、节目收藏及分享转发等教育大数据合法合规地整理、分析，能够了解学生的潜在需求，培育新的教学对象，占领新的教育市场。从教育电视生产的全视角出发，大数据贯穿于教育电视内容生产前期策划、中期制作和后期传播与教育效果反馈的全过程中。

首先，在前期策划中，依托海量教育数据能预测不同种类的教学对象，帮助投资方低成本地制定可行的实施方案。除教育电视课程之外，还包括各种技术、服务，如教育电视等功能，为学生创造更好的体验以培养忠实的教学对象并进行口碑传播。这里的海量数据来源主要依靠两方面途径，一是同一视频更广的播出范围及更大的学生规模，二是同一教学内容在不同平台上的收视数据。只有数据达到一定规模了，才能进行潜在教学对象的挖掘。其次，通过大数据对学生的精准分析，教育者会参考大数据的意见来选定课程设计，满足教学对象。再次，在节目传播中，利用学生的反馈数据，变静态为动态，建立切实有效的评价体系。收视率一向被认为是教育电视节目价值的标准，也成为众多教育电视节目追求的目标，大数据为收视率测量技术发展带来了巨大的支撑。2023年开始"全数据""全样本"颠覆、取代了传统的随机抽样，如第四代收视测量通过对教育电视机顶盒的升级，能够精确到秒地观测、记录下学生开机、关机、换频道、使用课程，包括增值业务的行为路径，以此获取较为精准的反馈数据，凭借清晰的学生喜好，进一步勾勒出清晰的教学对象画像。为寻找潜在教学对象奠定了基础。最后，在教育电视的推广上，借助学生数据实现教育电视的精细化推广。"个性化定制"与"智能化推荐"相结合，凭借先进的推荐算法，以海量的学生数据和先进的数据处理能力，为教育电视准确选择潜在教学对象，实现高效推广创造了条件。

（二）由大众教学对象转向"长尾"教学对象

《连线》杂志主编安德森于2004年首次提出"长尾"一词。

曲线的"头部"是指学生主要关注的事物，而"尾部"往往被大多数学生忽略了。在网络技术高速发展的今天，学生关注的成本大幅度降低，"尾部"的总体效益常常超越"头部"。安德森认为长尾曲线中的"头部"是动态变化的，当"长尾"被挖掘后，有可能会取代"头部"，形成新的增长点。换言之，"长尾"一来可做"头部"的补充；二来利用"长尾"被关注的数据来收集学生其他兴趣的大数据，为"头部"的迭代创新提供数据支撑。"长尾"需求就是分散化的大众的个性化、多元化需求。

在教育电视中，中央媒体如中国教育电视台相对于地方媒体就是"头部"，其他则是"长尾"。而教育电视因其拥有海量内容的属性，"头部"完全可以因"长尾"力量而彻底颠覆。即便是在信息过剩的网络环境下，学生依然会首先注意到"头部"的主流信息，那么打造优质精良的"头部"内容就能提升整体的节目品质。因此教育电视首先需要建立专业精良的"头部"课程内容，从学生熟悉的热点入手，建立起信任后，再进行有目的性的课程推荐，进而收集学生相关行为数据，不断挖掘他们的潜在需求，寻求、开拓更广阔的教育市场，研发品牌"长尾"课程，从"头"到"尾"锁定更多的用户。在运用长尾理论满足学生个性化需求的过程中，可以从研究小众学生市场的相关数据、构建长尾内容、打造专业化长尾课程这三个维度来实现。

在小众教育市场的相关数据研究上，首先是对小众教育对象进行研究，深入了解小众学生的爱好，主动推进学生个性化教育，注重原创视频内容的研发，不断增加其版权和课程模式储备。通过学生调查、学生测试、数据分析来细分学生，了解确定学生的兴趣点，以此来支撑课程内容的策划和制作。

（三）教学对象的定位由个人转向家庭

人工智能时代，教育电视的教学对象可以由个人转向家庭。

将视野植根到学生在家庭室内外的活动行为及其相关教育需求，从知识需求、学习需求，甚至生活常识及日常活动需求等入手，从中挖掘信息，"嫁接"教育电视的课程制作，开展关联性服务。同时，对于学生在家庭以外与外界信息保持连接的需求，则以网络学习、手环数据共享、家庭协同学习等方式来满足。这些需求场景都涉及具体内容，也是教育电视发展可以参考的。

表6-1　　　　　　　家庭用户室内外典型行为梳理表

家内行为		家外行为	
行为类型	具体行为和需求	行为类型	具体行为和需求
衣	着装（衣柜、鞋柜、镜子）	食	就餐（情侣、夫妻、亲子、朋友、商务）
食	烹饪（烘焙、炖品、烹饪工具）	行	汽车（代步/出游、租车/买车、自驾/代驾）
住	家务（家政服务、清洁设备或工具、家电）	乐	户外亲子活动（公园、商场娱乐）
学	远程教育（教育电视、电脑、手机）	学	教育培训（补习、语言、专业）
乐	聚会（朋友、亲人、餐具、家具、灯光）	学	读书（书店、电子书、咖啡馆、耳机）
乐	娱乐（电视、游戏、音乐、玩具、零食）	乐	文化活动（电影、现场演出、展览）
乐	网购（网络）	健	健身（私教、儿童看管、马拉松）
健	健身（设备、工具、课程视频）	健	就医（陪护）
健	线上就诊（网络）	用	智能装备（手环、智能翻译机、AI语音助手）

三　基于教学对象的教学目的创新

如前文所述，在人工智能时代，教育生态已发生了变化，教育电视的发展趋势也不再只是一个展现超高清视频的屏幕，而在某种程度上成为了移动互联网、电视网、物联网的"媒体深度融合"平台。进而形成"万物皆互联，体感为中介，教育为目的"的教育生态，达到其教育与传媒功能的和谐统一，这在一定程度上是教育电视的未来。

由此，教育电视对当前教育对象，即"数字化居民"的教学目的，也应该进行相应改变。当今时代，新技术背景下的教育传播一大特点是数据量大，在一定程度上已信息过载。人们必须能直观、迅速，甚至实时地发现事物间有价值的相关性，才能在竞争中处于不败之地。而按照麦克卢汉的观点，媒介即讯息，真正有意义的讯息并不是各个时代的媒介所提示给人们的内容，而是媒介本身。按此观点，笔者曾认为，在某种程度上可以认为媒介即数据。教育的目的在一定程度上要教会学生适应相关性，快速地在信息冗余的情况下做出选择，而不是让学生死守因果性，迟迟不能决策。麦克卢汉还说过，媒介是人体的延伸，既然媒介即数据，那么也应可以由此推论出数据是人体的延伸。数据的相关性与人体各种感官的相关性是统一的，感官即数据。而只有云计算在某种形式上充当了大脑的功能，在以教育电视为媒体平台，以全方位感官交互为手段的"场景化"出现后，感官即数据才第一次有了得以实现的技术基础，也让人工智能背景下的教育电视有了新的教学目的。

随着技术的不断发展，教育电视发展中的一个重要变化是从"媒体融合"到"媒体深度融合"。对于教学对象的使用实际来说，电信网与互联网已融合为移动互联网。首先，社交媒体既是个人学习工具又是个人互联网工具，集成了网课、讨论、发布信息等多种功能。其次，物联网已凭借"智慧教育"和"智慧家庭"在某种程度上成为相对独特的一种网络形式。最后，教育电视网在中国特色下相对封闭、独立，有待创新。应融合移动互联网和物联网，成为家庭智慧教育媒体平台。融媒体深度融合背景下，当前的教育电视发展必须以用户体验为指引，在操作层面则需着眼于人工智能背景下的教育电视。其工作着力点应着眼于教育电视已不再只是一个课程播出屏幕，而是一系列教育改革中的交互媒体平台。同时，引入场景化的教育电视混合式教育与智能人机交互体验的跨越式提升，也是教育电视在教育传播新技术背景下的又一大机遇。它将让数据成为人体的延伸，形成感官即数据、所见即所得、所得即所用的发展格局。在这样的背景下，基于教育电视的现有教学对象，教育电视的教学目的也必须进行相应创新，以适应时代发展的需要。

第三节　教学内容

一　教育电视教学内容创新的特点

教育传播新技术背景下教育电视的教学内容需要以学生为中心，不少教育理论家对此作了大量论述。以杜威为例，他支持学者海沃德的"以学生为中心"，把心理学运用到哲学、教育等方面，强调在教育中要尊重学生中心主体地位，要顺应学习主体本性的发展，提出了"儿童中心论"的教育原则，后来杜威的这一理论逐渐延伸成为"以学生为中心"的教育理念。在杜威哲学思想以及他的教育观中，尤其是他的道德教育观，无不渗透着"以学生为中心"的教育思想。教育本身就是围绕着人，对人进行改造的活动。杜威"以学生为中心"的思想主要体现于他"教育即生活""教育即生长""教育即改造"三大教育思想当中。在观看电视节目时，家长与学生之间的沟通建构着家长对于学生的教育，这是杜威"教育即生活"的体现。围绕学生主体，根据学生不同的成长阶段和学习需求，教育电视为学生提供个性化的内容，挖掘潜能，这是"教育即生长"的体现。以学生为主体，教育电视发挥其教育功能塑造着他们的人生观、价值观，增长学生经验以应对未来的实践和挑战，这是杜威"教育即改造"的体现。

教育电视的教学内容，应该以探索和发掘学生的兴趣作为教学目的，并在学生兴趣爱好的基础之上，完善和发展教育内容。如今随着5G、大数据抓取、人工智能技术等的发展，教育电视可以根据学生观看教育内容的偏好方向，为学生打造个性化的教学内容，引导学生围绕兴趣不断开发自己的潜能，实现更好的自我。另外，当然也不能把兴趣作为教育的唯一标杆。教育电视的内容也应该根据学生的发展阶段，制作符合其年龄和核心价值观的健康教学内容。

新教育传播技术的推进不仅为观众提供了更加丰富教学内容，还从根本上改变了传统教育电视内容的生产和分发模式。伴随着新教育传播技术的发展，教育电视产业内容生产出现了新的变化和趋势。

（一）生产多元化

新教育传播技术的推进使得教育电视的主体规模持续扩大，截至2020年年底，全国持有《广播教育电视节目制作经营许可证》的机构有14389家，同比增长40.6%。内容生产主体由传统的教育电视台扩展为教育电视内容提供商、集成商、网络教育电视、渠道、终端等多元主体，互联网内容服务商、视频网站、智能教育电视机厂加紧了与教育电视集成牌照商的合作，推出精品教学内容和定制服务。

（二）竞争激烈化

当前教育电视行业不仅有以各级教育电视台为主体的数字有线教育电视，在 IPTV 领域还建立了从中央到地方的总—分播控体系和运营关系，全国 20 多个地区的 IPTV 集成播控媒体平台已与中央总媒体平台完成对接，实现了教学内容统一集成、播出控制等主要业务功能。在教育电视领域也出现了新的传播媒体平台和内容生产主体，截至 2020 年 3 月，已有 7 家教育电视媒体平台获得了国家新闻出版广电总局颁发的教育电视集成服务商牌照，16 家教育电视台或制作中心获得教育电视内容服务机构的称号。

（三）节目多样化

内容生产主体的多元化带来了节目形态的多样化，节目形态也跳出了传统的教育电视节目类型体系。一是内容上细分化，传统的教育节目已远不能满足受众的收视需求，教学内容更加丰富多彩，针对受众不同的需求定向推送，满足特定群体的个性化需求，内容上的细分化、传播上的精细化成为趋势。二是互动性不断强化。互动性一直是传统的教育电视传播的短板，在新媒体技术的助力下，游戏节目、互动直播、VR、AR、MR 等也成为了 IPTV、OTT TV 的内容亮点，这种互动除了线上互动，还能实现多终端的跨屏互动，如 Best TV 推出的《诗词天下》栏目，成功在线下实现整合，构建了儿童消费服务的垂直媒体平台。三是数据服务比例增加。人工智能时代，生活服务成为教学内容的一部分，这些服务有基本的电商、教育、生活服务，如在线购物、水电缴费等。新教育传播技术的推进重新定义了教育电视内容的形态，一改传统教育电视节目在内容形态上的单一性，更加注重互动性和服务性，这种功能的增强和服务范围的扩大从侧面反映出新教育传播技术进程中媒体平台间竞争的激烈化程度。

(四) 内容媒体平台化

在教育电视媒体平台形态的不断探索和扩容中，教育电视台也依然很重要，如各个地方电视台的教育频道、科教频道、少儿频道也逐渐发力，单一的教育栏目和课程更是日益丰富。无论是哪一种形式，都是依靠电视媒体平台生存和发展。电视媒体的优势之一是综合性，在同一个媒体平台上，可以集合多款式、多类型、多风格的教育内容，满足教学对象多元的学习需求。以少儿为例，无需进行复杂操作，就可以在电视频道观看培训课程、兴趣课程等丰富的内容。同时，教育电视也会朝着构建全媒体形态革新与发展。教育电视边界的划定决定于多终端、全领域的布局，这对于资金、人员、渠道的要求日益增高。要形成"家庭智慧教育服务体系"，媒体平台的深度和广度必须成为重要支撑，这是单一性线上教育主体在短期内无法完成的。近年来，我们从国内多地针对少儿教育的电视频道或节目的运作案例可以发现，线上线下多终端布局成为趋势，良性循环的发展结果更有利于教育电视策划和制作出优质的教育产品。

二 教育电视教学内容创新的构成

人工智能时代，基于频率稀缺的教育电视频道限制被打破，播出渠道相对传统教育电视时代成倍增加。教育电视需要通过内容购买等手段来培育新的教育内容生产商，以适应不断增加的内容播出需要。在传统的市场环境下，教育电视的内容提供商主要为传统电视台的教育、科教频道。这样的市场环境让教育内容生产远远跟不上市场需求。教育内容生产和播出的缺口较大，造成全国教育电视屏幕上一些节目反复播出、同时播出。而在人工智能时代，教学内容不只限于教育电视节目，手机、平板电脑、摄像头、IWATCH、谷歌眼镜等多媒体的出现，使每一个人都可以成为教育内容生产者与提供商。一方面是内容形式的拓展及对内容的急剧需求，另一方面是内容提供商的形式与数量急剧增加。在此情况下，教育电视需要实现以下几个维度的转型来面对当前的挑战。

第一个维度，基于教育电视的非组织教育内容生产。

所谓非组织教育内容生产，笔者认为在人工智能时代，个人、论坛跟帖者、微博发布者及关注者等都在有意无意中成为观众内容的提供者。教育电视要给此类非组织教育内容生产者创造宽松的环境和更多的机会，鼓励他们进行教育内容生产并在适当的时候进行激发和引导，成为这类内容提供者的媒体平台和港湾，为教育电视产业提供一个富有生命力的内容提供源。

第二个维度，基于教育电视的家庭教育内容生产。

本书认为，通常情况下教育电视作为一种"客厅媒体"或者是一种家庭媒体的功能在可预见的将来仍然不会改变。在新教育传播技术的背景下，教育电视针对家庭的需要和爱好，引导相应的内容提供商进行相应的内容开发，其教学内容要更强调家庭性，更多地服务于家庭层面的需要，这样才能服务于教育电视产业的整体定位及教育电视产业健康发展的需要。我们可以着眼于三个方面，一是在传统教育电视内容方面，继续推出定位于家庭教育的服务，如《团聚时光》《快乐客厅》之类的节目。二是借助人工智能技术将增值业务定位于家庭教育的需要，利用技术挖掘家庭的个性化需求，提供家庭知识内容服务、物联网内容服务、家庭培训内容服务等。三是满足家庭及成员个人创造的需要，给家庭及成员创造内容的媒体平台和接口，在保证其新教育传播技术的基本功能的同时，还可以容纳家庭的各种数字传媒设备，与各种设备组合而形成不同的功能模块，实现 1+1>2，单个家庭成员创造的教学内容可集成为家庭教学内容，单个家庭或若干个家庭创造的教学内容又会成为其他家庭观赏、使用的教学内容，并激发其他家庭创造节目内容的兴趣。

第三个维度，基于教育电视的知识传承与生产。

对于教育电视来说，其传递的很多内容在某种程度上也是一种知识，也能作为知识进行管理和传承。因此，教育电视还需要引入知识管理的理念。教育电视可以利用其传递的内容，帮助教育电视产业链上的各种教育电视建立知识管理系统。在视频微课流行的今天，各种网络远程视频授课、教育电视正日趋流行，教育电视可以利用教育电视媒体平台在视频教育内容生产、制作、传播等多方面的优势。一方面着手对原来积累的资料，如中国教育电视台的教育课程、中央新闻纪录电影制片厂的珍贵历史文献片、科教频道的诸如《网络时代》等科教纪录片等资源进行整理和二次开发；另一方面，通过对教育电视的学生大数据库的建立，借助人工智能技术与知识库进行对接和精准管理，使学生个性化的继续教育需要得到精准化的满足，特别是可以充分利用教育电视媒体平台。将教育电视媒体平台与家庭物联网结合，成为家庭大数据中心。而所谓家庭物联网即家庭中各种电器等物物联结而形成的网，教育电视可以对其收集的大数据知识进行管理，并上传到云数据库进行分享和使用。

不同的学生会对节目有不同的偏好，对教学内容有各种各样的知识需求，基于人工智能时代的教育电视，他们的需求将通过内容购买体现出来。教育电视通过被动的销售数据与主动的市场调查汇总学生的内容需求调整自己的节目组合，并通过教学内容的采购情况影响内容制作商对内容的优胜劣汰。通过这样的市场运作，教育电视实际上成为了内容制作商与学生间的数据传递者与管理者。一方面顺应、引导学生的内容需求；另一方面培养、激励好的内容制作商，并力争实现其中的供需平衡，以实现整体的教育电视内容生产健康发展。

第四个维度，基于教育电视对传统教育电视内容的开发。

人工智能时代的教育电视与电信教育电视相比最大的优势在于内容，在于当前的教育电视台与其他电视台等传统内容生产商处于同一系统内部而享有的独特便利。基于人工智能时代的教育电视可以根据对家庭用户的大数据分析，有针对性地对教育电视产业几十年来积累下来的内容进行智能化的二次开发，一方面形成对用户的精准传播，另一方面盘活传统教育电视产业多年积累的内容资产。但在开发过程中，必须意识到传统教育电视教学内容是针对教育电视屏幕开发的，因此教学内容也需借助教育电视对之进行智能化处理。使传统教育电视内容能适应电脑屏幕与手机屏幕的传播需要，适应智慧家庭和智慧广电的相关要求。此外，人工智能时代的教育电视需要与传统的教育电视内容提供商继续保持良好的战略联盟关系，不断将变化的市场情况与用户需求反馈给他们，使它们能紧跟时代发展，能不断地挖掘整合相关的教育电视产业，保持内容来源的稳定性，这是教育传播新技术背景下教育电视产业确保其内容优势的核心竞争力。

第五个维度，基于教育电视的增值教育内容生产。

教育电视需要积极研究新教育传播技术下信息传输的新兴市场和产业链变化，联合互联网内容、移动电话信息等传统电信、互联网的教育内容生产商。教育电视应该认识到互联网教育电视、互联网内容、移动内容等应是教育电视增值服务的基础，也是教育电视需要进入并在信息社会有望增长最快的业务领域。如土豆网认为"每个人都是自己的教育电视台",Google地球已成为需求者众多的市场,视频网站捧红了"旭日阳刚",网络教育电视如CNTV、芒果台等也早已大行其道。目前,数据增值业务的内容提供商多由电信、互联网企业把持。人工智能时代的教育电视需要提早布局,找准切入空间,并迅速与部分增值业务教育内容生产商结成相对稳固的战略联盟关系,确保对增值教育内容生产的掌握。

三 教育电视教学内容的生产创新路径

人工智能时代,教育电视的生产资料、生产工具与生产力都发生了改变:大数据成为了生产资料,新教育传播技术网络成为了生产工具,人工智能成为了生产力。在此基础上,教育电视的内容生产完成了从人工生产到基于机器学习的人机融合生产的流程重塑,传统的UGC、PGC、OGC产生了融合与裂变。

所谓机器学习即机器模仿人的大脑的运行机制,通过对低层特征进行组合分析,形成以类别、特征等抽象概念为代表的高层,来解释数据,例如图像,声音和文本等。传统的教育电视内容生产依靠专业电视工作者、教育工作者作为生产力,然后运用摄像机、编辑机等生产工具,对各类教育内容等生产资料进行处理,最后形成教育电视内容产品。其生产流程为:策划—报选题—写脚本—拍摄—制作—播出。而在新教育传播技术时代,教育电视的生产资料、生产工具与生产力发生了改变,其生产流程也变成了大数据收集—人工智能生产—人工审核—人机融合—使用与反馈。例如,家庭作业辅导由老师布置—孩子做作业—家长辅导—签字,变成了人工智能大数据收集、分析—针对孩子特点建立个性化大数据库—老师布置作业—孩子做作业—人工智能通过SIRI或小米的小爱同学等智能虚拟角色辅导—家长最后进行审核和风控。家长可根据智能化提示只在必要时介入，人工智能在一定程度上成为了孩子和家长在辅导作业中"开战"的"缓冲地带"。一方面在一定程度上避免长时间陪伴的情绪失控，达成协同学习的目的；另一方面通过智能工具辅助与提示，家长的人工介入更有针对性，也更为高效。

教育电视从人工生产到人机融合的流程重塑的同时，还在内容生产中形成了UGC、PGC、OGC的融合与裂变，为教育电视内容生产提供了更高效的方式。随着手机、GOPRO、智能摄像头等便捷设备，爱剪辑、美图等免费软件的出现，UGC内容生产方式越来越普及。在越来越便宜的生产工具的支持下，其生产成本越来越低。而OGC和PGC类似，更多地存在于微博、论坛、微信等网络媒体平台，此类媒体平台一般由用户提供内容，但一部分用户同时也是专业人士，如在新闻论坛上的职业记者、教育微博上的职业教师等，他们提供的内容往往能达到一定程度的专业水准，成为意见领袖或"网红""大V"。他们共同的特点是出于兴趣而不是报酬生产内容。媒体平台只需要付出建造与维护媒体平台的成本，不需要付出生产内容的成本。OGC则是领取工资的职业人士生产内容，传统教育电视一般依靠OGC。相比之下，其既需要通过广播电视网络传输公司等搭建网络、维护媒体平台的成本，也需要承担编辑、记者等生产内容的成本，且其生产的内容和UGC这种用户自己生产的内容相比存在一定程度的脱节。相比之下，PGC专业用户本来就植根于UGC，他们了解用户需求，既能生产高质量的内容，又无需支付工资，是共享化的网络媒体平台与职业化的教育电视都想极力争取的稀缺资源。

新教育传播技术给教育电视带来了新的变化。UGC、PGC 与 OGC 在一定程度上产生了融合和裂变,其内容生产成本可以得到极大的降低。一方面,教育电视可对已有的电视媒体平台进行多角度的开发与使用,媒体平台建设与维护成本可以极大地摊薄;另一方面,教育电视可以凭借人工智能对 UGC 内容进行筛选,对有质量的 UGC,借助人工智能工具对其进行培育,与之进行融合生产,让 UGC 快速成长为 PGC。而 OGC 与 UGC 之间,随着人工智能这个不需要报酬但又需要金钱投入的员工加入,两者的边界也逐渐模糊。UGC、PGC 与 OGC 之间产生了一定程度的融合、裂变、重构,出现了 MCN(Mult-Channel Network)多频道网络,即媒体平台吸纳多种 UGC,形成媒体矩阵,然后媒体平台对市场推广、品牌、营销、用户服务等进行统一运作,实现媒体平台和 UGC 的共赢。

第四节 教学媒体

在新的教育传播技术条件下,教育电视已发生了进化,教学媒体也发生了相应改变,一般来说,我们可对教育电视进行如下分析。

一 教育电视的教学媒体分析

从以上分析可以看出,教育电视作为一种教学媒体,有教育和传播两个面向;其功能可以分为基本功能、附加功能和文化功能,教育电视的基本功能是广播电视和教育终端。扮演其作为电视和教育电视的传统角色,其核心价值是作为远程教育工具,对

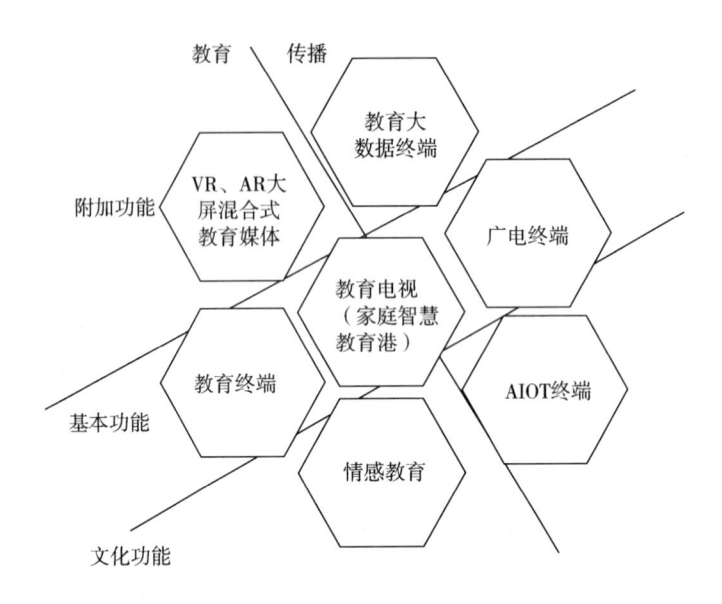

图6-1 教育电视功能蜂窝模型

教学内容进行大屏播放，在新技术条件下，其核心价值是成为基于智慧教育和智慧家庭技术组建的家庭教育生态之上的"家庭教育港"，承担家庭教育中心功能。教育电视的附加功能是能过互联网接口，凭借智能电视的处理器，成为教育大数据终端；还可与AR、VR体感附件等联结，让其具有场景式教育功能。教育电视还拥有文化功能，一方面，教育电视一般以大屏居多，其传统位置在客厅，它有将家庭成员联结在一起进行协同学习的功能。另一方面，教育电视也是文化符号，是时尚的智能物联网终端。很多学生以拥有AIOT智能物联网的场景化，带VR、AR等体感附件的教育电视作为自己的时尚标签。在此基础上，教育电视不再只是一个视频播放窗口，而是智能教育平台，形成"万物皆互联，体感为中介，教育为媒体平台"的教育生态，达到其教育与传播的和谐统一，这才是教育电视创新发展的价值。

二 基于协同学习的教学媒体创新

"协同学习"最早由祝智庭教授在其研究项目中提出。首先,学习的过程与知识、感情、信息等多重要素都有着密切的关联,因此需提高学习效能将这些要素协同起来,共同为学习活动服务。其次,协同一词本身的意涵表明"互动"在协同学习概念中的重要性,要深化学生和教学内容之间的互动。再次,现有的学习技术系统的信息呈现一种离散的状态,系统应当建立一种信息聚合机制。最后,学习主体的思维和智慧要协同起来,形成聚合思维、创新思维。简而言之,我们将协同学习的基本原理归纳为深度互动,信息汇聚,集体思维,合作建构,多场协调。

协同学习理论有助于教育电视媒体的融合发展。该理论认为信息、行动、知识、情感等应该协同起来共同发展,调动学习活动当中所有要素的活跃度,为实现教育目标服务;学习的内容要和学生建立深度联系,只有内容是真正适用于学生的,并且能够引起学生的兴趣和求知欲,学生才能真正理解学习的内容;教育电视需要通过教育传播技术融合各种教育媒体,为学生提供强大的内容资源,在丰富的信息中选择最适合自己的信息建构意义和知识;同时教育电视也要汇聚集体的智慧,发挥群体思维的优越性,加强学生之间的合作与交流,使学习资源能够得到最大限度的利用。依托现代教育传播技术的教育电视将人、情感、知识、信息等聚合在一起,调动各系统要素的积极性从而实现学生的协同学习。拓展学生的思维边界和视野,使其更好、更深入地理解所学的内容。同时协同学习理论指导学生在使用教育电视时能够相互合作、互惠互助,提高学生的合作能力和责任感,促进学生全面发展。

协同学习的核心意义在于个人和群体与信息、知识、行动等实现各个维度和场域的聚合，从而生成更深层次、更先进的知识内容，从而推动教学活动，实现学习效果的优化。同时，通过在学习环境中促进多领域、多空间的交流机制，有效地重新安排信息和汇集知识，有助于创造知识和提高质量。依据协同学习理论，教育电视使学生个体利用即时通信等教育传播技术"聚集"于教育媒体中，每位学生的时间被压缩、同步，其发出的信息也能够得到迅速准确的传播。教育媒体的融合为个体与群体，知识与信息，情感场、价值场、行动场等多场域的协同提供了可能。学生在教育融合媒体平台可以充分表达观点、输出知识，不同个体的观点和知识相互碰撞，最终形成更加稳定、更具有真理性的集体智慧。因此，协同学习对于教育电视融媒体平台的搭建有着指导性的意义。教学不能只是囿于形式上的聚合，更重要的是要实现教育媒体系统中各个要素之间的交流互动。通过互动交流和合理分配各领域的资源，鼓励各组成部分发挥潜在的活力，教学媒体才能真正具有生命力。

三 教育电视教学媒体的 AIoT 创新

传统电视作为家庭中最重要的家电代表，天生具有媒体平台属性。它不仅仅是客厅的电器，而且是一个"真实"的"在场"，让家不仅仅是一个房屋的物质外壳，更是以物质外形为基础的精神寄托的所在，客厅也不仅仅是家的一个房间，更是具有共享性的公共场景，电视作为客厅媒体，折射了家庭的行为逻辑和事物结构。教育传播新技术背景下，电视在重构客厅乃至家的意义的同时，也在重构家庭教育的意义，在我们前述"智慧教育接驳港"的定位下，教育电视在家庭教育中成为了新媒体平台。新教育传播技术网络的边缘计算、网络切片、AIoT等新技术为其新媒体平台建设提供了技术基础。

边缘计算是指接近事物、数据和行动源头处的计算。它采用分布式计算架构，将运算分散在数据源的近端设备处理。在边缘计算技术支撑下，AIoT开始得到广泛运用，简言之，AIoT（Artificial Intelligence & Internet of Things）即AI与IoT的结合，它由各个终端提供各种大数据，由人工智能对大数据进行采集、处理、反馈与协调，形成各种定制化、场景化运用，以影响物联网终端设备的行为，实现更智能的个性化服务。

随着新教育传播技术的进一步发展，网络切片技术又为AIoT带来了新的可能，网络切片指新教育传播技术下，网络虚拟出多个逻辑子网，从而扩展业务应用的范围和场景。TCL等国内厂家认为新教育传播技术时代，在AI技术外，电视行业最大的机遇是IoT。电视不只播出内容，更会成为家庭的交互、控制、内容甚至社交中心。TCL提出了AI×IoT战略，并发布了以电视为中心的智能家居场景，展出了智能门锁等IoT设备，均可与TCL电视互联互通。

因此，在不断进化的AIoT技术支撑下，在"智慧教育接驳港"的定位基础上，借助网络切片等技术，教育电视已成为了新时代的家庭协同学习媒体平台，家庭是依据血缘关系形成的相对稳定的学习小组，家长辅导孩子作业的过程也是家长自己和孩子协同学习的过程，例如"跟着孩子学钢琴，结果孩子没学会，自己学会了"等吐槽在一定程度上也是家庭协同学习的表现。在家长辅导孩子家庭作业的过程中，他们一起以完成孩子作业为共同的学习目标，在此过程中家长之间、家长与孩子之间存在着大量的互相学习与交流，甚至触发家长的自发与自主学习。因此，协同学习理论适用于家庭作业辅导，甚至基于人工智能，在人与人的协同之外出现了人与物的协同、物与物的协同，基于虚拟现实的场景与场景的协同，语音智能与大数据智能的协同等。我们思考的，应是在人工智能时代，教育电视作为媒体平台给家庭协同学习带来了哪些新的可能。

首先，新教育传播技术的高带宽为家庭人工智能的大量使用提供了条件，人工智能会更加智慧，更加拟人化，在作业辅导等家庭协同学习领域更加靠近真正的父母辅导，更为逼真。同时，教育的过程是千变万化的，需要对孩子不同情绪、不同时间的反应进行实时互动，而新教育传播技术的广连接特性提供了更多的交互界面与入口，形成了更有力的学习生态与环境，在此基础上，教育电视成为了基于 AIoT 的家庭媒体平台，可以借助网络切片，在家庭内通过人机混合场景实现家长和孩子的协同学习，同时通过边缘计算在物联网终端设备，例如智能书桌等帮助下进行作业辅导，完成作业进行中及完成后的智能大数据处理，并上传云端，在新教育传播技术网络支持下，以远程教育电视等形式，达成个人、家庭、社会之间的协同学习，并形成以教育电视为媒体平台，在"智慧教育接驳港"定位的基础上，集成各种应用场景，然后通过人与物的联结、物与物的联结完成个人教育、家庭教育、社会教育的融合与互动，探索建立基于教育电视的家庭教育生态系统。

第五节　教学效果

在新的教育传播技术条件下，教育电视可以探索向场景化混合式学习创新以提升教学效果。

一 教育电视与智能场景

参照建构主义学习理论，当前教育电视的"情境"一是需要提供高强度的体验，我们需要从满足用户场景化体验着手，让用户产生"我在现场"的浸入感，置于场景带来的强刺激当中，从而体会场景化带来的乐趣。用户的满意度是场景化运营逻辑的第一要素，在这方面 VR 虚拟现实提供了强有力的技术支持。二是基于边缘计算的多维"协作"，即通过物联网与智能终端的动态联结，让各个层次的知识数据化，再通过大数据分析与网络切片完成智能化"协作"，使用户所体验到的场景能够以几何倍数增加，在这方面 AR 增强现实可以有所作为。三是重视人与物、物与物的互动，教育电视要通过社交媒体等手段引导用户关注和参与，形成电视媒体平台与社交媒体的交互式传导，形成可复制的"社群"与"圈子"，完成教育电视在场景内容可复制基础上的"会话"，最后不同层级、不同性质的大数据能够为基于智能设备的场景设计，提供从设备互联数据分析到智能化服务的完整解决方案。通过大范围覆盖、多维度重塑、现实场景改造等方式，实现教育电视媒体平台与用户感官体验的结合，用户对现实或知识更深入的体会与学习，完成更深层意义上的"意义建构"以提升教学效果。

二 智能场景与教学效果

在媒体融合背景下，教育电视的教学终端进化与现实需要存在差距，教育传播新技术背景下教育电视更多的应成为场景化终端，以沉浸式学习为教学对象服务。不管是电影或戏剧的场面，还是真实生活的情景，场景都与特定的时间、特定的空间有关，每个场面或情景都由特定时空内具体的人与人、人与物之间关系的交错集合构成。时间、空间、人物、事物，以及四者组合而成的关系或事件，是场景的核心关键词。场景中各类关系的产生机理，相互的关联链条、关联属性、关联可能性、关联趋势，以及关联后能产生的反应链，是我们建构教育电视模式的焦点。教育电视可以利用大数据、云计算等先进技术，连接教学对象特定时空内的线上和线下行为，理解并判断不同场景下教学对象的情感、态度和需求，通过电视与其他设备的智能入口链接，实现教学对象即时场景连接与感知，满足教学对象场景化的价值诉求，提高教学效果。

教育电视的场景应用，可以发挥电视"智慧家庭数码港"的属性特征，以电视为家庭信息中心，用管家式服务，深入洞悉与电视相关的教学对象生活场景。教育电视场景主要有两种形式，即电视使用场景、电视即时场景。电视使用场景即教学对象直接与电视接触，开展电视收视、使用智能电视应用等活动的场景。电视即时场景则是基于电视"智慧家庭数码港"的属性，以及智能化家庭管家式服务模式，针对教学对象在家庭内外学习需求的场景。无论哪种场景，实质都是运用场景中的元素去触发教学对象需求，而且场景越具体、详细、真实，教学对象越容易被带入其中，教学效果越好。

三 教育电视的场景化创新

教育电视要进行上述场景化创新，实现沉浸式学习，VR、AR具有各自的优势与不足。哈佛大学的克里斯·德迪教授曾指出，沉浸式学习的关键在于构建多感官参与、真实感体验且自然交互的学习环境。既有的虚拟现实学习环境虽然能在一定程度上满足沉浸式学习的需求，但是其中的物体都是虚拟出来的，教学对象需要在"虚—实"世界中来回切换，效果并不理想。因此，我们应该从教育电视的自身优势出发，借助大屏与 VR、AR 的融合，搭建家庭教育的 MR，即混合式现实。在此基础上，传统的教育电视也发展为了教育传播新技术背景下的新教育电视。

凯文·凯利在《连线》杂志提出，"混合现实"将成为人类终极媒介，"现在的互联网是信息之网，用人工现实建造的是体验之网"。就 VR 的媒介属性来看，其价值在于能够突破二维平面的束缚，开创用户与用户、用户与电视之间的新的信息接收与反馈形式，形成在特定场景下的沉浸式体验，如 VR 事件直播。以事件专属算法、360 度全景摄像机来为用户提供重大事件的 VR 直播，如体育赛事、阅兵仪式、重大会议进展等，通过立体化模拟呈现的方式，形成"VR +"的新业态模式，用户在穿戴专业设备之后，能够产生强烈的在场感和参与感，不断拉近用户与事件的距离，使用户突破原来的被动收看，增加用户使用黏性，带来大流量和大收益。同时，得益于 VR 技术的可模拟性，可通过对现场事件进行模拟的方式尽可能还原事件真相，达到传播科学、去伪存真的目的。相比 3D 技术、巨幕电影等围绕平面银屏的变革，VR 视频娱乐从视听语言设计到事件陈述方式都进行了革命性再突破。借助 VR 设备，让用户自由选择不同的视角，以一个"局内人"的身份，浸入式参与故事发展，从而突破传统电视的单一结局。但要将 VR 用于家庭教育，让其在父母辅导孩子家庭作业中发挥作用，当前 VR 技术仍存在不少问题。

首先是现有的 VR 处理系统的运算能力不足，导致其仅仅满足于沉浸模式，还不足以给受众带来真实的感官效果。技术的弱化给内容生产带来的弊端就是显示设备的臃肿，目前市面上的VR沉浸式设备均以体积大、重量足为特征，用户使用或携带极其不便。其次是技术不足导致的硬件补充造成了成本的增加。以VR头戴式硬件作为硬件的代表，巨大的头戴式外置设备占据VR设备制造种类的最高点。VR大批量的零部件和并未完善的技术支持也处在VR市场的顶端，花费了大量成本来运行和维护。同时，负责提供的芯片、传感器、显示装置、控制等产品及技术也都较大屏幕电子产品的生产难度增加，父母辅导孩子家庭作业是多人参与的过程，如果人手一台，在价格和空间上都不现实。最后，其用户体验上存在一定的背离效果。由于VR体验需要借助穿戴设备才可以接入虚拟世界，通过全景式影像画面搭配全景声的方式，将用户带入，虽然体验VR的时候能够获得虚拟世界的存在感，但是同时切断了自身与周边现实的信息体验连接，因此，需要着力解决这种背离的体验感，这在父母辅导孩子家庭作业的家庭教育中尤为重要。

相对而言，AR技术实用前景较好，因为它能实现的所有效果都基于现实世界。其对设备的依赖性也相对较小，通过手机、平板电脑摄像头，智能眼镜，都可以实现AR效果。使用设备的广泛性为AR提供了更丰富的优秀内容，优秀的内容又为增强现实生态带来了巨大的用户流量。

AR仍然和VR一样存在交互的问题，其关键点在于要着力从用户自身出发展开交互式叙事，让用户能够自主寻找确定的信息源，从而改变传统电视以教学内容为中心的单线讲述形式，将用户从单一的观看者转变为主动寻求者。如阿里的AR红包，可以让用户打开手机摄像头在现实世界寻找，在其中顺便提供商家广告和生活知识点，为包括远程教育在内的各种应用提供了多种多样的玩法。类似的 AR 家庭教育也应有相应的发展，如通过手机摄像头扫描课本能出现相应的背景故事视频、讲解及相关答案。但手机小屏作为个人媒体，天生具有不利于家庭成员协同学习的弱点。

而基于大屏的混合式学习可以很好地弥补以上不足。混合式学习（Blended-learning）是在数字化、网络化学习（E-learning）的发展、变化与实践中，在其基础上逐步完善形成的重要学习理论。E-learning 即 Electronic Learning，是一种依托互联网和信息技术等学习的方式。它突破了传统学校教学时空的限制，利用互联网和多样的终端设备，赋予学习即时的特性，打破常规的、"一视同仁"的传统教学方式，满足学生个人化的学习需要。

传统的学校教育，由于学生数量多以及教学内容稀少等限制，很难给学生提供专属教学服务和一对一的个性化辅导。每个学生都像是教学流水线上的"产品"，用标准化的教学方法打造标准化的学生。而我们都知道，人是独立且具有主动性的个体，每个学生的学习程度和兴趣爱好都各不相同，各自的能力水平也具有一定的差异。面对这样的情况，混合式学习应运而生。

混合式学习在某种程度上是建构主义理论的继承和发展。建构主义理论认为，知识的获得不是从老师那里被动接受的，而是学习主体在一定情境中，通过与他人的协作、互动等相互作用，进行意义建构而得来的。而混合学习倡导通过利用移动终端等主动在线学习，以及在老师的辅助引导下获取知识，这与建构主义教育理论思想在某些层面是共通的。

同时，混合学习极大地丰富了以建构主义为基础的多样化教育理论，有助于教育界更好地理解和认识建构主义。这是因为建构主义理论中的激进建构主义只片面强调了学生的能动性，而忽视了教师的引导作用。混合式学习则认为应当把传统学校面对面教学与学生主动学习模式结合起来，对学生的主动性和教师在学习中的引导作用同样重视。当然，混合式学习并不是只有某一个特定的理论来源，其理论来源是多元的。认知学习理论、教育技术理论、教育传播理论、反馈理论等理论对混合式学习理论的形成和发展都有很大的借鉴意义。

人工智能时代，在与VR、AR的竞争中，教育电视的高清大屏有其独特的优势，我们应该基于教育电视，借助其大屏与VR、AR的融合，搭建家庭教育的MR，即混合式学习。在此基础上，传统的教育电视也发展为在教育传播新技术背景下基于混合式学习的新教育电视。

教育电视的高清大屏是家庭智慧学习最适用的界面，其适合家庭多人同时使用，技术最成熟，借助新教育传播技术时代"家庭教育接驳港"媒体平台，家庭成员可以实现多屏互通，万物互联，各种信息可以通过高清大屏直接进行数据可视化，父母借助大屏对孩子直接进行作业辅导，与孩子协同学习。教育电视的高清大屏也是进行智慧学习最实用的工具，其成本最低，各个家庭不需要过多的额外资金投入与场地布置。相比之下，AR特别是VR，需要根据设备的不同要求，在参与者周围一定空间范围布置红外传感器，以对参考者的动作进行准确追踪，限制了设备布置的灵活性，对使用设备的空间提出了要求，同时也增加了成本。在父母及子女多参与者的情况下，所需的设备软件及硬件程度将呈几何级的上升，而教育电视的高清大屏并不存在此种情况。最后，各种虚拟现实设备都需要处理器及存储器的支持，如VR设备，VR眼镜作为个人终端穿戴设备，同样需要连接主机，而教育电视可如前述定位，作为接驳港承担主机职能，当前许多智能电视多线程处理器的处理能力在很多情况下是过剩的，教育电视作为虚拟现实设备的主机能提高电视处理器的使用效率，相比购买一大堆各种虚拟现实设备，如处理器追踪器等，对电视大屏的功能进行深入开发可能是更多家庭更容易接受的方案，享有更好的发展前景，教育界已有许多可借鉴的范例。如哈佛大学和浙江大学曾以埃及考古为内容进行了跨国 VR 远程教学，发现大屏显示在教学过程中仍然不可或缺，VR、AR 等手段并不能完全达成教学目标。在此案例中，哈佛大学的 Peter 教授首先为两校的学生制作了精美的古埃及考古虚拟学习情景。在课程第二阶段，Peter 教授对课程内容进行了讲解并引导学生自主学习，在第三阶段，教授针对课程重点与难点指导两校学生开展讨论并和两地学生实行不同现实空间的实时互动，最终完成探究性教学。这种大屏与 VR、AR 跨空间多用户协同教学的实施，既弥补了两校师生在虚拟教学空间中缺少的课堂教学环境和真实角色对话，又解决了全景 VR 直播无法实现协同学习的缺点，提升了学习效果。

参考文献

一 中文著作类

陈崇山、孙五三主编：《媒介、人、现代化》，中国社会科学出版社 1997 年版。

陈宇、雷春：《人工智能在教育治理中的应用与发展》，华中科技大学出版社 2022 年版。

丛立新、陈荟主编：《当前我国基础教育课程改革理论问题研究》，重庆大学出版社 2013 年版。

崔保国编著：《信息社会的理论与模式》，高等教育出版社 1999 年版。

崔保国、宋成栋主编：《中国教育电视发展报告》，清华大学出版社 2015 年版。

丁未：《社会结构与媒介效果"知沟"现象研究》，复旦大学出版社 2003 年版。

方晓红：《大众传媒与农村》，中华书局 2002 年版。

费孝通：《江村经济》，江苏人民出版社 1986 年版。

冯琦琳：《高等职业教育可持续发展研究》，复旦大学出版社 2014 年版。

复旦大学韩国研究中心：《韩国研究论丛》，中国社会科学出版社

2005年版。

葛道凯、张少刚、魏顺平：《教育数据挖掘：方法与应用》，教育科学出版社2012年版。

共青团上海市委员会：《传媒力量与当代青年》，上海人民出版社2000年版。

顾富民、袁从领主编：《现代教育技术应用》，南京大学出版社2017年版。

何光威主编：《有线数字电视网络》，人民邮电出版社2014年版。

何克抗、李文光编著：《教育技术学》，北京师范大学出版社2009年版。

何清涟：《我们仍然在仰望星空》，漓江出版社2001年版。

何志武：《重构——"三网融合"对广播电视新闻传播的影响》，华中科技大学出版社2016年版。

侯怀银：《德国教育学在中国的传播和影响》，商务印书馆2018年版。

胡泊主编：《新编美术教育学》，西南师范大学出版社2014年版。

胡延平主编：《跨越数字鸿沟：面对第二次现代化的危机与挑战》，社会科学文献出版社2002年版。

黄山：《"形势与政策"教育教学理论与实践研究》，中国文史出版社2018年版。

江泽民：《论科学技术》，中央文献出版社2001年版。

金兼斌：《技术传播——创新扩散的观点》，黑龙江人民出版社2000年版。

抗文生、刘承萱编著：《电视教材的摄制与编导》，国防工业出版社1995年版。

匡文波：《新媒体舆论》，中国人民大学出版社2014年版。

李彦宏等：《智能革命：迎接人工智能时代的社会、经济与文化变革》，中信出版集团 2017 年版。

李艳燕：《人工智能教育应用》，北京师范大学出版社 2022 年版。

刘伟：《人机融合：超越人工智能》，清华大学出版社 2021 年版。

刘旭升、贾楠：《高校网络道德教育研究》，新华出版社 2014 年版。

刘禹、魏庆来：《人工智能与人机博弈》，清华大学出版社 2020 年版。

陆丹：《中国新闻传播学教育研究的知识图谱》，武汉大学出版社 2014 年版。

陆学艺：《当代中国社会阶层结构的演变》，社会科学文献出版社 2005 年版。

陆学艺：《当代中国社会阶层研究报告》，社会科学文献出版社 2002 年版。

糜海波：《教育伦理：理论求索与实践考察》，南京大学出版社 2018 年版。

南国农、李运林主编：《教育传播学》，高等教育出版社 2005 年版。

彭兰：《网络传播概论》，中国人民大学出版社 2001 年版。

钱小龙、孟克：《美国高等教育国际化概论》，南京大学出版社 2017 年版。

沈伟：《智能时代的教师》，教育科学出版社 2021 年版。

施德路、于洪涛：《教育技术学》，北京邮电大学出版社 2012 年版。

石亚军、赵伶俐：《人文素质教育：制度变迁与路径选择》，中国人民大学出版社 2008 年版。

史征：《媒介规制论》，浙江工商大学出版社 2014 年版。

宋成栋：《新形势下中国教育电视的改革与发展》，中央广播电视大学出版社 2009 年版。

孙旭培：《华夏传播论》，人民出版社1997年版。

谭辉煌、刘淑华编著：《新编新媒体概论》，重庆大学出版社2018年版。

腾讯研究院、中国信息通信研究院互联网法律研究中心、腾讯AI Lab、腾讯开放平台：《人工智能：国家人工智能战略行动抓手》，中国人民大学出版社2017年版。

滕妍、姚雯雯：《教育心理学理论与实践研究》，新华出版社2014年版。

涂子沛：《大数据》，广西师范大学出版社2013年版。

万东升：《中国文化视野下的科学教育》，南京大学出版社2017年版。

汪霞、钱铭：《世界一流大学通识教育课程研究》，南京大学出版社2017年版。

王万良：《人工智能及其应用》，高等教育出版社2002年版。

王哲平：《中国教育电视：历史、现状与发展》，中国社会科学出版社2006年版。

王政挺：《传播：文化与理解》，人民出版社1998年版。

乌美娜等编著：《教育电视节目制作》，北京师范大学出版社1993年版。

奚晓霞主编，吴敬花副主编：《教育传播学教程》，西南师范大学出版社2018年版。

谢咏才、李红艳主编：《中国乡村传播学》，知识产权出版社2005年版。

杨海平、姚凯波等编著：《MOOC与中国高等教育变革研究》，南京大学出版社2019年版。

杨继绳：《中国社会各阶层分析报告》，新疆人民出版社2000年版。

喻国明：《解构民意：一个舆论者的实证研究》，华夏出版社2001年版。

喻国明：《媒介的市场定位》，北京广播学院出版社2000年版。

岳鹏飞：《SEM长尾搜索营销策略解密》，人民邮电出版社2017年版。

张建、夏光富编著：《电视节目解析》，重庆大学出版社2015年版。

张民选、徐士强主编：《教育的突破》，中国人民大学出版社2020年版。

张柱：《新媒体时代的电视新闻生产》，中国人民大学出版社2015年版。

赵俭、张鹏、佟研等：《新时代院校教育转型实践研究》，南京大学出版社2019年版。

郑丽平：《教育发展新水平》，中国人民大学出版社2020年版。

郑太年、黄璐、胡华：《数据挖掘与教育》，教育科学出版社2021年版。

中国大百科全书出版社《简明不列颠百科全书》编辑部：《简明不列颠百科全书》（第9册），中国大百科全书出版社1988年版。

中国科学院可持续发展研究中心、胡鞍钢、邹平：《社会与发展——中国社会发展地区差距研究》，浙江人民出版社2000年版。

周光礼、周详：《教育与未来：中国教育改革之路》，中国人民大学出版社2017年版。

周洪宇：《教育公平》，中国人民大学出版社2014年版。

周妍：《媒介融合背景下电视与新媒体的博弈互动》，四川大学出版社2015年版。

周志华：《机器学习》，清华大学出版社2016年版。

朱庆葆等:《教育的变革与发展》,南京大学出版社2015年版。

朱永新:《新教育实验:为中国教育探路》,中国人民大学出版社2017年版。

祝智庭等:《现代教育技术——走进信息化教育》,高等教育出版社2001年版。

二 译著类

[英]安东尼·塞尔登、奥拉迪梅吉·阿比多耶:《第四次教育革命:人工智能如何改变教育》,吕晓志译,机械工业出版社2019年版。

[美]保罗·莱文森:《数字麦克卢汉——信息化新纪元指南》,何道宽译,社会科学文献出版社2001年版。

[美]保罗·莱文森:《新新媒介》,何道宽译,复旦大学出版社2015年版。

[美]保罗·莱文森:《人类历程的回放——媒介进化论》,邬建中译,西南师范大学出版社2017年版。

[爱尔兰]德斯蒙德·基更:《远程教育基础》,丁新主译,上海高教电子音像出版社2008年版。

[德]弗里德里希·威廉·尼采:《查拉图斯特拉如是说》,徐枫译,天津人民出版社2018年版。

[美]亨利·詹金斯:《融合文化:新媒体和旧媒体的冲突地带》,杜永明译,商务印书馆2012年版。

[美]J.布卢姆:《美国的历程》,杨国标、张儒林译,商务印书馆1988年版。

[美]杰弗里·亚历山大:《社会学二十讲:二战以来理论的发展》,贾春增、董天明等译,华夏出版社2000年版。

［丹麦］克劳斯·布鲁恩·延森：《媒介融合：网络传播、大众传播和人际传播的三重维度》，刘君译，复旦大学出版社2012年版。

［英］克里斯托夫·弗里曼：《技术政策与经济绩效：日本国家创新系统的经验》，张宇轩译，东南大学出版社2008年版。

［美］克里斯·安德森：《长尾理论》，乔江涛译，中信出版社2006年版。

［美］罗杰·菲德勒：《媒介形态变化：认识新媒介》，明安香等译，华夏出版社2000年版。

［加］罗伯特·洛根：《理解新媒介：延伸麦克卢汉》，何道宽译，复旦大学出版社2012年版。

［加拿大］马歇尔·麦克卢汉：《理解媒介》，何道宽译，译林出版社2019年版。

［意］玛格赫丽塔·帕加尼：《多媒体与互动数字电视》，罗晓军、王佳航等译，人民邮电出版社2006年版。

［美］迈克尔·辛格尔特里：《大众传播研究：现代方法与应用》，刘燕南、和轶红译，华夏出版社2000年版。

［英］迈克尔·伍尔德里奇：《人工智能全传》，许舒译，浙江科学技术出版社2021年版。

［美］斯图尔特·罗素：《人工智能：现代方法》（第4版），张博雅等译，人民邮电出版社2022年版。

［美］唐·泰普斯科特：《数字化成长——网络世代的崛起》，陈晓开、袁世佩译，东北财经大学出版社1999年版。

［美］韦恩·霍姆斯、玛雅·比利亚克、查尔斯·菲德尔：《教育中的人工智能：前景与启示》，冯建超等译，华东师范大学出版社2021年版。

［英］维克托·迈尔－舍恩伯格、肯尼思·库克耶：《大数据时代》，盛杨燕、周涛译，浙江人民出版社2013年版。

［美］沃纳·塞佛林等：《传播理论：起源，方法与应用》，郭镇之等译，华夏出版社2000年版。

［美］约瑟夫·熊彼德：《经济发展理论》，何畏、易家祥译，商务印书馆1990年版。

［美］约瑟夫·E.奥恩：《教育的未来：人工智能时代的教育变革》，李海燕、王秦辉译，机械工业出版社2018年版。

三 中文论文类

安涛：《"算计"与"解蔽"：人工智能教育应用的本质与价值批判》，《现代远程教育研究》2020年第6期。

安彦斌：《从韩国高中"人工智能数学"课程看高中数学课程与人工智能教育的衔接》，《数学教育学报》2022年第5期。

白传之：《教育性、公益性和服务性——教育电视媒体的行为准则》，《青年记者》2014年第9期。

曹培杰：《智慧教育：人工智能时代的教育变革》，《教育研究》2018年第8期。

陈国强：《一名电视体育记者转型新闻教育的观察和思考——从业界到学界的转型中，我看到了什么？》，《中国记者》2016年第9期。

陈江新、覃祖军：《基于有线电视网络DVB—C平台开展现代远程教育探讨》，《中国远程教育》2001年第5期。

陈金龙：《论广播电视大学现代远程教育运行机制及其阻力控制策略》，《中国远程教育》2005年第8期。

陈静宜：《大学教育电视节目策划初探》，《电化教育研究》2005

年第 8 期。

陈凯泉、韩小利、郑湛飞等：《人机协同视阈下智能教育的场景建构及应用模式分析——国内外近十年人机协同教育研究综述》，《远程教育杂志》2022 年第 2 期。

陈凯泉、何瑶、仲国强：《人工智能视域下的信息素养内涵转型及 AI 教育目标定位——兼论基础教育阶段 AI 课程与教学实施路径》，《远程教育杂志》2018 年第 1 期。

陈莉：《试论卫星电视教育在教育教学中的态势》，《现代远距离教育》2000 年第 1 期。

陈丽、任萍萍、张文梅：《后疫情时代教育创新发展的新视域与中国卓越探索——出席"2020 全球人工智能与教育大数据大会"的思考》，《中国电化教育》2021 年第 5 期。

陈琳、王运武：《中国教育技术改革发展三十年》，《电化教育研究》2009 年第 2 期。

陈明欣：《中国成人教育传播研究》，博士学位论文，浙江大学，2011 年。

陈清森、孙祯祥：《网络教育视频：Web2.0 时代的网上教育电视资源库》，《现代教育技术》2009 年第 10 期。

陈清森、孙祯祥：《信息时代教育电视的教学应用新视角——从教育传播媒介到基于视频创作的可视化学习》，《现代教育技术》2010 年第 3 期。

陈新：《"互联网+教育"视角下基层电大转型和发展——以浙江广播电视大学桐乡学院为例》，《厦门广播电视大学学报》2017 年第 2 期。

陈信：《信息通信技术在学习支持服务中的广泛应用——上海电视大学现代远程教育的实践与探索》，《开放教育研究》2010

年第 3 期。

陈旭光：《高校影视教育：挑战和使命——2002 年全国高校影视教育高级学术研讨会述要》，《当代电视》2002 年第 10 期。

陈嬿如：《电视节目与爱国主义教育——在青少年中的一次实证调查研究》，《电视研究》2006 年第 12 期。

陈钺、唐文和、丛健娇：《大众电视传播与教学传播的融合》，《电影文学》2010 年第 23 期。

迟真：《现代远程教育与有线电视网络》，《教育科学》2002 年第 5 期。

初广志：《中日韩教育电视节目的比较研究》，《现代传播》（中国传媒大学学报）2005 年第 3 期。

但金凤、王正青：《观照当下与展望未来：OECD 成员国数字教育发展战略规划与实施路径》，《比较教育学报》2022 年第 2 期。

邓幸涛：《以教学工作为中心　推进电大教育发展——2001 年全国广播电视大学教学工作会议综述》，《中国远程教育》2001 年第 7 期。

丁世强、马池珠、魏拥军等：《中小学人工智能教育区域推进的困境与突破》，《现代教育技术》2022 年第 11 期。

丁未、张国良：《网络传播中的"知沟"现象研究》，《现代传播》（北京广播学院学报）2001 年第 6 期。

董向东：《当代教育电视面临的挑战与对策》，《高等理科教育》2005 年第 6 期。

段元美、抗文生：《电视公益广告的特性及社会教育功能》，《中国有线电视》2001 年第 3 期。

范明献：《新闻教育时代转型的焦点问题与高校专业改革的实践取向——以四所知名新闻院校广播电视学专业教育为例》，《新闻大学》2017 年第 5 期。

方德葵、杨威：《湖南省利用有线电视网络实施现代远程教育》，《广播与电视技术》2002 年第 1 期。

方海光、孔新梅、李海芸等：《人工智能时代的人机协同教育理论研究》，《现代教育技术》2022 年第 7 期。

方圆媛、黄旭光：《中小学人工智能教育：学什么，怎么教——来自"美国 K–12 人工智能教育行动"的启示》，《中国电化教育》2020 年第 10 期。

方志刚：《远程教育的创新趋势与高水平远程开放大学的建设——基于浙江广播电视大学的探索和实践》，《中国远程教育》2009 年第 9 期。

方子春：《基于"互联网+教育"模式的广播电视大学转型升级》，《继续教育研究》2017 年第 10 期。

冯琳、孔磊：《第 21 次"中国远程教育学术圆桌"综述 社会发展进程中的广播电视大学（续）——中国北方一个海岛的样本意义》，《中国远程教育》2010 年第 2 期。

付程：《广播电视语言传播的专业教育与人才培养》，《中国广播电视学刊》2001 年第 3 期。

付道明、张利桃：《中国教育电视的研究现状与发展趋势》，《电化教育研究》2005 年第 8 期。

盖龙涛：《积极老龄化视域下的我国电视节目惠老发展探究》，《电视研究》2018 年第 3 期。

甘永平、寇斌：《影响网络教育传播的内部因素》，《湖北广播电视大学学报》2004 年第 1 期。

甘永平、陶长春：《新媒体影响下教育电视的发展前景——基于价值链的分析》，《新闻界》2016 年第 10 期。

甘忠伟：《博客在教育传播学课程中的使用》，《电化教育研究》2007年第2期。

高山冰、杨丹：《人工智能教育应用的伦理风险及其应对研究》，《高教探索》2022年第1期。

高宇民：《大众文化视野中的中国教育电视》，载中国教育电视协会、中国教育电视《挑战与对策——第四届中国教育电视研讨会论文选编》，中国石油大学出版社2003年版。

鬲淑芳、杨冬、高蓉蓉：《西部开发远程教育有线电视》，《中国有线电视》2002年第22期。

葛培贤、李冠强：《教育电视如何发展》，《中国成人教育》2001年第8期。

顾小清、李世瑾：《人工智能促进未来教育发展：本质内涵与应然路向》，《华东师范大学学报》（教育科学版）2022年第9期。

顾小清、李世瑾：《人工智能教育大脑：以数据驱动教育治理与教学创新的技术框架》，《中国电化教育》2021年第1期。

顾小清、李世瑾、李睿：《人工智能创新应用的国际视野——美国NSF人工智能研究所的前瞻进展与未来教育展望》，《中国远程教育》2021年第12期。

关玲：《新时期教育电视发展思考》，《中国记者》2009年第1期。

郭保娅：《试论少儿电视节目的教育功能》，《新闻知识》2003年第3期。

郭春才：《论现代远程教育的新发展》，《湖南师范大学教育科学学报》2010年第1期。

郭红霞：《新媒介环境下教育电视人本化传播理据探究》，《现代教育技术》2011年第9期。

郭镇之：《美国公共广播电视的起源》，《新闻与传播研究》1997

年第 4 期。

哈澍：《美国学龄前儿童电视节目的互动模式》，《青年记者》2016 年第 36 期。

哈澍：《美国学龄前儿童教育电视节目中成年人形象的演变与发展研究》，《现代传播》（中国传媒大学学报）2015 年第 8 期。

海溪：《电视媒介的教育功能》，《现代传播》（中国传媒大学学报）2007 年第 4 期。

韩庆年、柏宏权：《超越还原主义：在线教育电视背景下微课的概念、类型和发展》，《电化教育研究》2014 年第 7 期。

何克抗：《21 世纪以来的新兴信息技术对教育深化改革的重大影响》，《电化教育研究》2019 年第 3 期。

何蕾：《教育新闻栏目的编排策划和包装》，《中国成人教育》2002 年第 11 期。

胡洁：《印度开办教育电视频道》，《国际新闻界》2000 年第 6 期。

胡小勇、黄婕、林梓柔等：《教育人工智能伦理：内涵框架、认知现状与风险规避》，《现代远程教育研究》2022 年第 2 期。

胡小勇、孙硕、杨文杰等：《人工智能赋能教育高质量发展：需求、愿景与路径》，《现代教育技术》2022 年第 1 期。

胡小勇、徐欢云：《面向 K–12 教师的智能教育素养框架构建》，《开放教育研究》2021 年第 4 期。

华子荀：《情境认知与学习理论对教育电视节目开发的启示》，《求实》2013 年第 1 期。

黄国祯、方建文、涂芸芳：《人工智能教育应用研究的全球图景与趋势》，《现代远程教育研究》2022 年第 3 期。

黄均红：《电大改革发展重大战略机遇期的转型思考》，《商业文化（下半月）》2012 年第 1 期。

黄鹂、吴廷俊：《教育传播学新探》，《现代传播》（北京广播学院学报）2003年第1期。

黄慕雄：《数字教育电视节目创新应用模式建构》，《中国电化教育》2010年第5期。

黄慕雄、林秀瑜、张学波：《数字教育电视节目的应用和创新推广调查研究》，《中国电化教育》2010年第2期。

黄慕雄、刘广：《美国教育电视研究现状与特点——基于ERIC近15年的文献研究》，《电化教育研究》2010年第10期。

黄睿：《电视教育节目中语言的作用》，《新闻战线》2016年第15期。

黄秀根、文鲲：《强化监管力度　提升公益品格——中国教育电视台抵制电视低俗之风工作的实践与探索》，《当代电视》2009年第2期。

黄映玲：《中小学教育电视存在的问题与相应对策》，《中国电化教育》2000年第8期。

霍建平、刘利珍：《"互联网+"社区教育——以内蒙古广播电视大学转型为视角》，《内蒙古电大学刊》2017年第3期。

纪平：《广播电视大学教育发展中面临的缺位及其思考》，《中国远程教育》2004年第13期。

贾开、蒋余浩：《人工智能治理的三个基本问题：技术逻辑、风险挑战与公共政策选择》，《中国行政管理》2017年第10期。

蒋国珍：《高等教育的多样化与广播电视大学发展思路》，《中国远程教育》2001年第7期。

金生鈜：《大数据教育测评的规训隐忧——对教育工具化的哲学审视》，《教育研究》2019年第8期。

抗文生：《试论教育电视的应用与平衡发展》，《电化教育研究》2001年第1期。

兰国帅、郭倩、魏家财等：《5G+智能技术：构筑"智能+"时代的智能教育新生态系统》，《远程教育杂志》2019年第3期。

雷跃捷：《新世纪中国广播电视新闻教育的反思与前瞻》，《中国广播电视学刊》2002年第4期。

李大元：《电视教育节目有益的探索》，《记者摇篮》1998年第4期。

李冠强：《教育电视台如何面对新世纪的挑战》，《中国成人教育》2002年第5期。

李华：《教育传播理论研究的发展与教育传播学的创立》，《中国电化教育》1996年第3期。

李华：《卫星数字电视广播发展与远程教育》，《电化教育研究》2002年第8期。

李盛之：《发挥电视媒体优势 发展儿童家庭娱教产业》，《电视研究》2017年第1期。

李世瑾、顾小清等：《中小学教师对人工智能教育接受度的影响因素研究》，《现代远距离教育》2021年第4期。

李世瑾、胡艺龄、顾小清：《如何走出人工智能教育风险的困局：现象、成因及应对》，《电化教育研究》2021年第7期。

李世瑾、王成龙、顾小清：《人工智能教育治理：逻辑机理与实践进路》，《华东师范大学学报》（教育科学版）2022年第9期。

李维生、殷炳芳、高继宽：《现代远程教育与广播电视大学的发展》，《中国成人教育》1999年第7期。

李文英：《媒体融合背景下中国教育电视台传播策略初探》，《当代电视》2018年第11期。

李晓云：《儿童·电视·教育——尼尔·波兹曼的媒介教育观》，《新闻界》2009年第3期。

李永健：《教育传播学理论体系重构的研究设想》，《电化教育研究》2006 年第 6 期。

李运林：《教育传播研究：重要性与新领域》，《电化教育研究》2009 年第 3 期。

李振、周东岱、王勇：《"人工智能+"视域下的教育知识图谱：内涵、技术框架与应用研究》，《远程教育杂志》2019 年第 4 期。

李政涛、罗艺：《智能时代的生命进化及其教育》，《教育研究》2019 年第 11 期。

梁迎丽、刘陈：《人工智能教育应用的现状分析、典型特征与发展趋势》，《中国电化教育》2018 年第 3 期。

廖开明：《略论网络环境下教育电视面临的挑战与机遇》，《电化教育研究》2008 年第 11 期。

廖新：《略论电视教育的功能与作用》，《辽宁教育研究》2003 年第 6 期。

凌静、刘川：《教育电视节目编导的创作规律》，《新闻爱好者》2009 年第 24 期。

刘邦奇、袁婷婷、纪玉超等：《智能技术赋能教育评价：内涵、总体框架与实践路径》，《中国电化教育》2021 年第 8 期。

刘斌：《人工智能时代教师的智能教育素养探究》，《现代教育技术》2020 年第 11 期。

刘进、王静：《我国电视媒体科学教育现状和问题分析——基于对 CCTV-10 与 NGC 的比较》，《电视研究》2009 年第 9 期。

刘莉、冯琳、张爱文：《远程教育的学习者（上）——解读上海电视大学的实践与研究》，《中国远程教育》2006 年第 7 期。

刘莉、冯琳、张爱文：《远程教育的学习者（下）——解读上海电视大学的实践与研究》，《中国远程教育》2006 年第 8 期。

刘莉华：《美国远距离电视教育一瞥》，《科技进步与对策》1999年第6期。

刘琦：《建构主义指导下的〈教育传播学〉教学改革研究》，《文教资料》2007年第9期。

刘瑞儒、陈明选、郭宁安：《电视媒介对中小学教育的影响》，《教育探索》2001年第12期。

刘盛峰、朱祖林：《略论广播电视大学在高等教育大众化中的作用》，《中国远程教育》2001年第4期。

刘盛峰、朱祖林、汤诗华等：《我国远程教育研究2019年度进展报告》，《远程教育杂志》2020年第5期。

刘涛雄、尹德才：《大数据时代与社会科学研究范式变革》，《理论探索》2017年第6期。

刘晓：《科普教育电视节目创作中的审美把握——以〈身边的科学〉为例》，《广西师范大学学报》（哲学社会科学版）2008年第5期。

刘颖悟、汪丽：《媒介融合的概念界定与内涵解析》，《传媒》2012年第1期。

刘哲雨、刘宇晶、周继慧：《桌面虚拟现实环境中自我效能感如何影响学习结果——基于心流体验的中介作用》，《远程教育杂志》2022年第4期。

刘忠民：《教育电视应对新兴媒体挑战的发展对策探索》，《中国电化教育》2011年第3期。

刘竹筠：《从 CCTV-10 透视我国科教频道的发展》，硕士学位论文，重庆大学，2007年。

卢迪、段世飞、胡科等：《人工智能教育的全球治理：框架、挑战与变革》，《远程教育杂志》2020年第6期。

卢锋：《教育电视节目的大众化倾向》，《电化教育研究》2008年第1期。

卢英锁：《宽带远程教育平台综述》，《电视技术》2002年第2期。

卢英锁：《现代远程教育卫星电视多媒体广播网络》，《广播与电视技术》2001年第12期。

卢宇、汤筱玙、宋佳宸等：《智能时代的中小学人工智能教育：总体定位与核心内容领域》，《中国远程教育》2021年第5期。

路云亭、乔冉：《电视体育评论的民族化转型——评中国教育电视台的〈体育评书〉》，《中国广播电视学刊》2010年第10期。

吕红：《基层电大的职能转型与开展社区教育的路径选择》，《山东广播电视大学学报》2013年第3期。

吕芹：《广播电视大学向开放大学转型中的农村继续教育》，《继续教育研究》2019年第6期。

罗立仪、邹学麟：《教育电视台发展的时代需求与转型策略》，《福建师大福清分校学报》2014年第4期。

罗亮：《人工智能驱动思想政治教育创新的时代价值与实践策略》，《思想理论教育》2021年第3期。

罗明誉：《非学历职业教育：广播电视大学转型的路径选择》，《成人教育》2013年第5期。

马池珠、徐福荫：《中国农业教育电视现状与前瞻》，《开放教育研究》2005年第6期。

马良柱：《教育电视台的功能定位》，《新闻战线》2014年第1期。

马良柱：《教育电视台可持续发展之我见》，《中国广播电视学刊》2018年第3期。

马玉慧、柏茂林、周政：《智慧教育时代我国人工智能教育应用的发展路径探究——美国〈规划未来，迎接人工智能时代〉报告解读及启示》,《电化教育研究》2017 年第 3 期。

苗逢春:《从"国际人工智能与教育会议"审视面向数字人文主义的人工智能与教育》,《现代教育技术》2022 年第 2 期。

苗逢春:《教育人工智能伦理的解析与治理——〈人工智能伦理问题建议书〉的教育解读》,《中国电化教育》2022 年第 6 期。

牟智佳:《"人工智能+"时代的个性化学习理论重思与开解》,《远程教育杂志》2017 年第 3 期。

倪娜:《少儿电视节目制作应体现"全纳教育"思想》,《中国电视》2004 年第 10 期。

倪娜:《通过儿童电视节目传播先进的教育理》,《中国电视》2007 年第 10 期。

欧黔:《高校转型发展语境下,地方院校广播电视学教育教学改革探析》,《科教文汇》(上旬刊)2014 年第 11 期。

裴婧华:《电视的教育功能、手段及其发展》,《辽宁教育研究》2005 年第 3 期。

彭波、王伟清、张进良等:《人工智能视域下教育评价改革何以可能》,《当代教育论坛》2021 年第 6 期。

彭华:《探索教育电视节目的品牌创新》,《当代电视》2010 年第 6 期。

彭绍东:《人工智能教育的含义界定与原理挖掘》,《中国电化教育》2021 年第 6 期。

彭绍东、陈兰玉、王光前:《研究电视教育对象,按需施教》,《中国电化教育》1998 年第 4 期。

彭学善:《从经济属性探讨教育电视事业的发展》,《中国电化教育》1999 年第 8 期。

彭引:《向传媒产业发展的中国教育电视——教育电视服务于科

教兴国、走向市场经济的思考》,《中国广播电视学刊》2000年第 5 期。

蒲菊华、熊璋:《人工智能与教育融合促进高等教育改革》,《中国高等教育》2021 年第 20 期。

祁志敏:《受众视域下对农教育电视节目发展思路探讨》,《当代电视》2013 年第 7 期。

钱明红:《现代远程教育中的教育生态:基于杭州广播电视大学实践的探讨》,《中国远程教育》2009 年第 2 期。

邱悦:《比尔·盖茨出资启动电视教育项目》,《比较教育研究》2009 年第 11 期。

裘伟廷:《基于会议电视的远程教育系统》,《中国有线电视》2002年第 1 期。

任全春:《试论电视的教育功能及其实现途径》,《兰州学刊》1998年第 2 期。

任友群、冯仰存、郑旭东:《融合创新,智能引领,迎接教育信息化新时代》,《中国电化教育》2018 年第 1 期。

任志明、黄淑敏:《论教育电视发展的新空间》,《甘肃社会科学》2007 年第 6 期。

塞赛:《我国数字电视的发展将促进远程继续教育的普及》,《继续教育》2005 年第 8 期。

沈春雷:《电视传媒下体验式教育工作探索》,《实验技术与管理》2017 年第 12 期。

施军红、王睿:《益智类节目在地方教育电视台的实现方式》,《新闻知识》2014 年第 7 期。

石晓雯:《网络时代教育电视的本位回归》,《电化教育研究》2006年第 11 期。

石雁：《电视与网络教育的媒介融合——以法治教育为例》，《中国电化教育》2014年第8期。

石中英：《回归教育本体——当前我国教育评价体系改革刍议》，《教育研究》2020年第9期。

宋歌：《关于教育电视媒体转型的思考》，《大众文艺》2015年第21期。

苏峰：《教育电视在新媒体环境下的生存与发展策略》，硕士学位论文，山西大学，2011年。

苏杰：《现代远程教育对广播电视大学教学模式的影响》，《电化教育研究》2000年第10期。

孙洪涛、郑勤华：《教育大数据的核心技术、应用现状与发展趋势》，《远程教育杂志》2016年第5期。

孙田琳子：《人工智能教育中"人—技术"关系博弈与建构——从反向驯化到技术调解》，《开放教育研究》2021年第6期。

孙伟平：《人工智能导致的伦理冲突与伦理规制》，《教学与研究》2018年第8期。

孙祯祥：《论网络教育媒体与电视教育媒体的融合》，《电化教育研究》2005年第2期。

谈松华：《关于教育评价制度改革的几点思考》，《中国教育学刊》2017年第4期。

覃川：《教育电视应对新媒体的法则》，《新闻爱好者》2011年第21期。

陶世容：《浅谈教育电视台的定位与管理》，《现代远距离教育》2001年第3期。

汪洪宝、徐辉富、查文英：《现代远程教育教与学研究——上海电视大学98级金融专升本开放教育试点学生自主学习跟踪调查报告》,《中国远程教育》2002 年第 2 期。

汪基德:《论教育传播模式的构建与分类》,《河南大学学报》(社会科学版) 2007 年第 1 期。

王东林:《电视传播中的媒介素养教育》,《中国广播电视学刊》2013 年第 12 期。

王宏:《探究现代教育电视节目形态创新》,《中国电化教育》2009 年第 10 期。

王杰:《幼儿电视教育功能评价》,《学前教育研究》2003 年第 9 期。

王灵坤:《改善民生应强化教育的公共经济性质》,《光明日报》2010 年。

王陆:《教育传播学原理在改进班级授课制下的信息化课堂教学中的应用》,《中小学信息技术教育》2007 年第 9 期。

王萍、田小勇、孙侨羽:《可解释教育人工智能研究:系统框架、应用价值与案例分析》,《远程教育杂志》2021 年第 6 期。

王群:《电视与中小学生素质教育》,《当代电视》2002 年第 9 期。

王卫军:《网络时代教育电视发展趋势分析》,《电化教育研究》2004 年第 9 期。

王雪、乔玉飞、王釜羽等:《教育智能体如何影响学习者情绪与学习效果?——基于国内外 39 篇实验或准实验研究文献的元分析》,《现代教育技术》2022 年第 8 期。

王炎龙:《转型与突围——西部省级电视现状与发展策略》,《声屏世界》2003 年第 10 期。

王毅、王玉飞、吴嘉佳:《人工智能时代的劳动教育:内涵、价值与实现路径》,《当代教育论坛》2021 年第 2 期。

王友发、陈辉、罗建强:《国内外人工智能的研究热点对比与前沿挖掘》,《计算机工程与应用》2021 年第 12 期。

王佑镁、刘慧兰：《远距离教育电视教学节目形态初探》，《电化教育研究》1999年第3期。

王佑镁、王旦、柳晨晨：《从科技向善到人的向善：教育人工智能伦理规范核心原则》，《开放教育研究》2022年第5期。

王哲平：《教育电视传播风格定位的三个维度》，《现代传播》（中国传媒大学学报）2006年第4期。

王哲平：《教育电视的观念创新》，《新闻界》2006年第1期。

王哲平：《教育电视功能探析》，《新闻知识》2006年第6期。

王中建：《浅谈教育电视台栏目的设置》，《当代电视》2002年第10期。

王中建、赵阳：《应当重视电视的教育功能》，《当代电视》2004年第10期。

文欣月、周琴：《国内外教育人工智能研究热点之对比——基于CiteSpace的文献共词分析》，《教师教育学报》2020年第4期。

闻竹：《我国电视新闻传播中的思想政治教育》，《新闻战线》2015年第8期。

翁朱华：《为了开放远程教育的未来——上海电视大学建校50周年庆典活动纪实》，《开放教育研究》2010年第3期。

吴国强：《蓬勃发展的农业广播电视教育》，《中国远程教育》2001年第10期。

吴慧芳、郭庆琳：《教育电视演播室的声学设计》，《中国电化教育》1998年第3期。

吴晓如、王政：《人工智能教育应用的发展趋势与实践案例》，《现代教育技术》2018年第2期。

吴延熊、黄勇：《广播电视行业继续教育的现状与对策研究》，《现代传播》（中国传媒大学学报）2009年第3期。

吴应驹：《论电视教材及教育电视节目的假定性》，《中国电化教育》2011 年第 12 期。

吴永和、刘博文、马晓玲：《构筑"人工智能＋教育"的生态系统》，《远程教育杂志》2017 年第 5 期。

吴中辉、陈志明、杨超：《建设新型远程开放大学——广东广播电视大学教育改革纪实》，《瞭望新闻周刊》2002 年第 45 期。

吴中江：《我国现代远程教育信息传递模式研究》，《电化教育研究》2002 年第 1 期。

谢复玉、温平：《数字化阅读：社区教育的创新——长春广播电视大学服务于长春市社区教育的实践》，《中国远程教育》2016 年第 9 期。

熊杨敬：《教育评价多元主体的共同建构——基于对话哲学的视域》，《教育研究与实验》2018 年第 5 期。

徐福荫：《现代远程教育的理论与实践探讨》，《电化教育研究》2000 年第 11 期。

徐福荫、黄慕雄、张学波等：《"教育电视节目编制研究"研究生示范课程设计与开发》，《电化教育研究》2011 年第 12 期。

徐明：《差异化传播：教育电视的核心竞争力》，《传媒观察》2009 年第 2 期。

徐明：《从 CNKI 透视我国相关教育电视的应用研究方法——基于近十年（1997—2007）间教育电视研究论文分析》，《电化教育研究》2008 年第 9 期。

徐明：《高校教育电视数字系统的总体规划与建设方案》，《中国有线电视》2003 年第 22 期。

徐明：《论数字教育电视研究中值得反思的几个问题》，《中国电化教育》2009 年第 10 期。

徐明:《试论新世纪教育电视的发展趋势与传播策略》,《电化教育研究》2002年第9期。

徐明:《新时期教育电视发展的对策》,《中国有线电视》2002年第22期。

徐伟:《电视教材的教育性与艺术性》,《中国成人教育》2007年第2期。

徐文威:《我国广播电视教育发展研究》,硕士学位论文,江西财经大学,2016年。

徐义鸣:《电视教育节目"日本奖"的贡献及影响》,《中国广播电视学刊》2000年第4期。

雅蒙:《对中韩两国教育电视台的比较分析》,《中国电化教育》1998年第6期。

雅蒙:《论教育电视台的发展定位》,《中国电化教育》2001年第9期。

闫志明、唐夏夏、秦旋等:《教育人工智能(EAI)的内涵、关键技术与应用趋势——美国〈为人工智能的未来做好准备〉和〈国家人工智能研发战略规划〉报告解析》,《远程教育杂志》2017年第1期。

杨方琦:《近十年我国教育电视学术论文的内容分析研究》,《电化教育研究》2011年第2期。

杨改学:《藏族地区电视教育的现状与传播模式的研究》,《现代远距离教育》1999年第1期。

杨丽媛:《从认知理论视角探析儿童教育电视节目》,《当代电视》2015年第8期。

杨世珍、刘蕴贤、高万玉:《新时期农业广播电视教育发展之我见》,《职业技术教育》2002年第13期。

杨晓宏、梁丽：《近 10 年我国教育电视研究论文作者机构及地域统计分析研究》，《电化教育研究》2004 年第 7 期。

杨彦军、罗吴淑婷、童慧：《基于"人性结构"理论的 AI 助教系统模型研究》，《电化教育研究》2019 年第 11 期。

姚新霞、张鹏、杨晋娟：《利用云教室促进贫困地区远程高等教育均衡发展研究——来自新疆广播电视大学的实践》，《现代教育技术》2018 年第 8 期。

殷俊、秦明：《未成年人教育与电视品牌栏目建设》，《中国记者》2004 年第 8 期。

尹析明：《教育现代化体系中四川电大转型发展的方向——写在四川广播电视大学成立 40 周年之际》，《现代远程教育研究》2019 年第 5 期。

应悦、张翼翔：《远程教育管理微信云服务平台的设计与构建——以浙江广播电视大学"微电大"微信云平台为例》，《中国远程教育》2016 年第 10 期。

尤红：《在线教育：专业电视频道产业的"蓝海"》，《传媒观察》2013 年第 12 期。

尤建源：《教育电视实现"大有可为"的政策建议与途径》，《电视研究》2018 年第 11 期。

尤建源：《新媒体时代教育电视转型升级刍议》，《新闻战线》2018 年第 21 期。

于伦方、王彩娜：《青少年教育与电视》，《中国广播电视学刊》2000 年第 2 期。

于雪：《智能机器的道德设计进路及其责任归因》，《伦理学研究》2022 年第 4 期。

于勇、管嫒辉：《网络数字教育电视资源模式的创新研究》，《中国电化教育》2009 年第 1 期。

于云秀：《广播电视大学开放教育的质量保证》，《中国远程教育》2004 年第 19 期。

余明华、冯翔、祝智庭：《人工智能视域下机器学习的教育应用与创新探索》，《远程教育杂志》2017 年第 3 期。

余胜泉：《人工智能教师的未来角色》，《开放教育研究》2018 年第 1 期。

喻国明：《中国电视的发展机遇与角色转型——兼议中国教育电视台的发展之路》，《当代电视》2012 年第 2 期。

袁磊、王卓玉：《信息素养教育电视节目的开发构想》，《现代远距离教育》2009 年第 5 期。

袁莉、曹梦莹、约翰·加德纳等：《人工智能教育评估应用的潜力和局限》，《开放教育研究》2021 年第 5 期。

袁小平：《从电视教育到教育电视——中国教育电视台的坚守与创新》，《中国广播电视学刊》2017 年第 7 期。

袁云佳：《人工智能的发展与应用综述》，《科技风》2020 年第 17 期。

运文秀：《教育电视的升级与改造》，《电视技术》2000 年第 5 期。

翟雪松、楚肖燕、胡美如等：《从脑机接口到脑脑接口：认知传输与群体协同的教育变革》，《远程教育杂志》2022 年第 3 期。

翟雪松、楚肖燕、王敏娟等：《教育元宇宙：新一代互联网教育形态的创新与挑战》，《开放教育研究》2022 年第 1 期。

翟雪松、易龙珠、王会军等：《Web3.0 时代"互联网＋教育"的发展机遇与挑战》，《开放教育研究》2022 年第 6 期。

张宝志：《中国电化教育发展史拾零》，《电化教育研究》2009 年第 1 期。

张岱斌：《社会转型期发展广播电视教育的几点思考》，《中国成人教育》1998 年第 8 期。

张德明、王民、徐皓等：《开放远程教育在学习型城市建设中的创新与发展——上海电视大学的实践与探索》，《开放教育研究》2009 年第 6 期。

张冠文：《电视教育功能探析》，《中国成人教育》2004 年第 1 期。

张国涛、颜泽玉：《发挥电视优势　加强未成年人青春期教育宣传——未成年人青春期教育与电视传媒座谈会综述》，《现代传播》2004 年第 4 期。

张俊：《终身教育体系视阈下广播电视大学转型探析》，《继续教育》2012 年第 6 期。

张骏德、王哲平：《论我国教育电视的历史使命》，《新闻大学》2006 年第 4 期。

张坤颖、张家年：《人工智能教育应用与研究中的新区、误区、盲区与禁区》，《远程教育杂志》2017 年第 5 期。

张力、赵永明：《加强少儿电视节目的教育功能》，《中国广播电视学刊》2000 年第 10 期。

张琪、王丹：《智能时代教育评价的意蕴、作用点与实现路径》，《中国远程教育》2021 年第 2 期。

张青：《新课程背景下远程电视培训的困境审视及其理论开拓》，《中国电化教育》2009 年第 3 期。

张青：《中小学教师远程继续教育电视节目的现状与创新》，《电化教育研究》2002 年第 12 期。

张瑞麟：《新时期教育发展的呼唤——谈中国的电视教育与教育电视》，《中国电化教育》1998 年第 3 期。

张瑞麟：《新时期教育发展的呼唤》，《中国电化教育》1998 年第 4 期。

张珊珊、杜晓敏、张安然：《中小学开展人工智能教育的挑战、重点和策略》，《中国电化教育》2020 年第 11 期。

张书琴、张玲：《电视教育的人文关怀》，《新闻爱好者》2001 年第 1 期。

张霜：《中国教育电视台获电影〈马兰花〉永久性全国电视播出版权》，《当代电视》2009 年第 8 期。

张炜：《教育电视应对新兴媒体挑战的发展对策探索》，《新闻传播》2015 年第 24 期。

张晓艳：《CG 技术在教育电视节目中的应用对策》，《电影文学》2010 年第 10 期。

张艳红、闫军军、胡红梅：《电视传媒对大学生素质教育的助推作用》，《当代电视》2013 年第 1 期。

张燕亭、徐月萍：《电视教育节目的局限性及其反思》，《新闻实践》2001 年第 10 期。

张宜迁：《教育电视媒体如何提升舆论引导力》，《传媒观察》2011 年第 10 期。

张勇：《论教育电视的科学性与艺术性的关系》，《中国电化教育》1998 年第 11 期。

张勇：《香港中小学教育电视介绍与研究》，《中国电化教育》1998 年第 1 期。

张宇航：《"互联网＋"背景下税收管理的思考》，《经贸实践》2017 年第 15 期。

张志华、王丽、季凯：《大数据赋能新时代教育评价转型：技术逻辑、现实困境与实现路径》，《电化教育研究》2022 年第 5 期。

张志祯、齐文鑫：《教育评价中的信息技术应用：赋能、挑战与对策》，《中国远程教育》2021 年第 3 期。

张卓、吴占勇：《绕轴翻转：媒介融合时代广播电视教育的理念革新与范式转型》，《现代传播》（中国传媒大学学报）2018年第3期。

赵国庆、段毅：《网络电视教育应用现状调查》，《现代教育技术》2007年第3期。

赵万宏：《"现代远程教育"正义——兼论我国现代远程教育的多元化发展与转型》，《中国成人教育》2006年第10期。

赵维东：《论教育电视的发展》，《中国成人教育》2002年第5期。

赵玉明：《十年来中国大陆广播电视教育的新发展》，《现代传播》（中国传媒大学学报）2006年第1期。

郑传锋、王燕、杨文阳：《我国教育电视节目创作理念的基本走向探究》，《电化教育研究》2008年第7期。

郑绍婷：《儿童教育电视节目制作之我见》，《电化教育研究》2006年第11期。

郑祥福：《人工智能的四大哲学问题》，《科学技术与辩证法》2005年第5期。

郑永和、王一岩：《科技赋能教育高质量发展：价值内涵、表征样态与推进策略》，《中国电化教育》2023年第1期。

周博：《区域远程高等教育供给侧改革研究——吉林广播电视大学转型分析》，《吉林广播电视大学学报》2018年第12期。

周静谦：《Ku频段数字卫星电视教育网络的改造》，《中国远程教育》2000年第11期。

周丽达：《儿童电视节目与儿童素质教育——从〈小鬼当家〉谈起》，《电视研究》2004年第11期。

周沫：《试论我国音乐教育电视节目的发展——以〈音乐大师课〉为例》，《新闻战线》2017年第24期。

周胜怡：《我国教育电视的现状与发展研究》，硕士学位论文，浙江师范大学，2010年。

周媛园：《以电视艺术形式呈现新疆双语教育成果》，《中国广播电视学刊》2018年第3期。

周越、田振清：《教育传播系统的结构与过程分析》，《内蒙古师范大学学报》（教育科学版）2003年第5期。

朱德全、吴虑：《大数据时代教育评价专业化何以可能：第四范式视角》，《现代远程教育研究》2019年第6期。

祝智庭、魏非：《教育信息化2.0：智能教育启程，智慧教育领航》，《电化教育研究》2018年第9期。

邹生：《数字鸿沟问题的测度分析和对策探讨》，《北京邮电大学学报》（社会科学版）2009年第2期。

四 英文期刊论文

A. K. M. Najmul Islam, "Investigating E-learning System Usage Outcomes in the University Context", *Computers & Education*, Vol. 69, November 2013, pp. 387–399.

Ana Isabel Canhoto, Fintan Clear, "Artificial Intelligence and Machine Learning as Business Tools: A Framework for Diagnosing Value Destruction Potential", *Business Horizons*, Vol. 63, No. 2, 2020, pp. 183–193.

B. Dervin, B. Greenberg, "The Communication Environment of the Urban Poor", *Current Perspectives in Mass Communication Research*, 1972, pp. 195–233.

Carr, W., "Theories of Theory and Practice", *Journal of Philosophy of Education*, Vol. 20, No. 2, 1986, p. 177.

Cathy Sandeen, "Integrating MOOCS into Traditional Higher Education: The Emerging 'MOOC 3.0' Era", *Change: The Magazine of Higher Learning*, Vol. 45, No. 6, November 2013, pp. 34 – 39.

Chao-Min Chiu, Eric T. G. Wang, "Understanding Web-based Learning Continuance Intention: The Role of Subjective Task Value", *Information & Management*, Vol. 45, No. 3, April 2008, pp. 194 – 201.

G. A. Donohue, P. J. Tichenor, C. N. Olien, "Mass Media Functions, Knowledge and Social Control", *Journalism & Mass Communication Quarterly*, Vol. 50, No. 4, December 1973, p. 652.

Grigore Burdea, Philippe Coiffet, "Virtual Reality Technology", *Presence: Teleoperators and Virtual Environments*, Vol. 12, No. 6, December 2003, pp. 663 – 664.

Holmberg, B. A., "A Discipline of Distance Education", *Journal of Distance Education*, Vol. 1, 1986, pp. 25 – 40.

Ikedinachi A. P. WOGU, Sanjay Misra, Patrick A. Assibong, Esther Fadeke Olu-Owolabi, Rytis Maskeliūnas, Robertas Damasevicius, "Artificial Intelligence, Smart Classrooms and Online Education in the 21st Century: Implications for Human Development", *Journal of Cases on Information Technology*, Vol. 21, No. 3, 2019, pp. 66 – 79.

James S. Ettema, F. Gerald Kline, "Deficits, Differences, and Ceilings: Contingent Conditions for Understanding the Knowledge Gap", *Communication Research*, Vol. 4, No. 2, April 1977, p. 179.

Jan van Cuilenburg, Denis McQuail, "Media Policy Paradigm Shifts: Towards a New Communications Policy Paradigm", *European Journal of Communication*, Vol. 18, No. 2, 2003, pp. 181 – 207.

Jennifer DeBoer, Casey Haney, S. Zahra Atiq, Casey Smith, David Cox, "Hands-on Engagement Online: Using a Randomised Control Trial to Estimate the Impact of an At-home Lab Kit on Student Attitudes and Achievement in a MOOC", *European Journal of Engineering Education*, Vol. 44, No. 1 – 2, November 2019, pp. 234 – 252.

K. Viswanath, John R. Finnegan JR., "The Knowledge Gap Hypothesis: Twenty-Five Years Later", *Annals of the International Communication Association*, Vol. 19, No. 1, 1996, pp. 187 – 228.

Kun Li, "MOOC Learners' Demographics, Self-regulated Learning Strategy, Perceived Learning and Satisfaction: A Structural Equation Modeling Approach", *Computer & Education*, Vol. 132, April 2019, pp. 16 – 30.

Marc Clarà, Elena Barberà, "Learning Online: Massive Open Online Courses (MOOCs), Connectivism, and Cultural Psychology", *Distance Education*, Vol. 34, No. 1, 2013, pp. 129 – 136.

Mark T. Dishaw, D. Strong, "Extending the Technology Acceptance Model with Task-technology Fit Constructs", *Information & Management*, Vol. 36, No. 1, July 1999, pp. 9 – 21.

Norman MacLEOD, "Artificial Intelligence & Machine Learning in the Earth Sciences", *ACTA GEOLOGICA SINICA (English Edition)*, Vol. 93, No. S3, May 2019, pp. 48 – 51.

P. J. Tichenor, G. A. Donohue, C. N. Olien, "Mass media Flow and

Differential Growth in Knowledge", *The Public Opinion Quarterly*, Vol. 34, No. 2, 1970, pp. 159 – 170.

Paul Legris, John Ingham, Pierre Collerette, "Why Do People Use Information Technology? A Critical Review of the Technology Acceptance Model", *Information & Management*, Vol. 40, No. 3, January 2003, pp. 191 – 204.

Richard P. Bagozzi, Youjae Yi, "On the Evaluation of Structural Equation Models", *Journal of the Academy of Marketing Science*, Vol. 16, No. 1, 1988, pp. 74 – 94.

Saba, F. , "Research in Distance Education: A Status Report", *The International Review of Research in Open and Distributed Learning*, July 2000.

Sherry, L. , "Issues in distance learning", *International Journal of Educational Telecommunications*, No. 1, 1995, pp. 337 – 365.

Sik-Yum Lee, Xin-Yuan Song, Suzanne Skevington, Yua-Tao Hao, "Application of Structural Equation Models to Quality of Life", *Structural Equation Modeling: A Multidisciplinary Journal*, Vol. 12, No. 3, 2005, pp. 435 – 453.

Stephen Downes, "Models for Sustainable Open Educational Resources", *Interdisciplinary Journal of e-Learning and Learning Objects*, Vol. 3, 2007, pp. 29 – 44.

Stewart Fraser, "The Fourth Dimension of Foreign Policy: Educational and Cultural Affairs", *The Journal of Higher Education*, Vol. 37, No. 7, 1966, pp. 416 – 417.

Thomas Clarke, "The Advance of the MOOCs (massive open online courses): The Impending Globalisation of Business Education?",

Journal of Education and Training, Vol. 55, 2013, pp. 403 – 413.

Viswanath Venkatesh, Fred D. Davis, "A Theoretical Extension of the Technology Acceptance Model: Four Longitudinal Field Studies", *Management Science*, Vol. 46, No. 2, 2000, pp. 186 – 204.

五 英文专著

Ang, I., *Desperately Seeking the Audience* (1st ed.), London: Routledge, 1991.

Aufdereide, Patricia, *Communications Policy and the Public Interest: The Telecommunications Act of 1996*, New York: Guil-ford Press, 1999.

Bourdieu, P., *The State Nobility: Elite Schools in the Field of Power*, Calif: Stanford University Press, 1996.

Christopher M. Bishop, *Pattern Recognition and Machine Learning*, Berlin: Springer, 2006.

D. Demers, K. Viswanath, *Mass Media, Social Control and Social Change: A Macrosocial Perspective*, Iowa State University Press, 1999.

David Harvey, *The New Imperialism*, Oxford University Press, 2003.

Don W. Stacks, Michael B. Salwen, Kristen C. Eichhorn, *An Integrated Approach to Communication Theory and Research*, New York: Routledge, 2019.

Edward Plamer, *Toward A Literate World*, New York: Routledge, 1993.

Engerman, S. L., Gallman, R. E., eds., *Long-Term Trends in American Economy, University of Chicago Press, 1986.

Frank Esser, Barbara Pfetsch, eds., *Comparing Political Communication: Theories, Cases and Challenges*, U. K.: Cambridge University Press, 2004.

Garzaniti, Laurent, O'Regan, Matthew, *Telecommunications, Broadcasting, and the Internet: E. U. competition Law and Regulation*, London: Sweet & Maxwell, 2000.

James A. Brown, *Television, "Critical Viewing Skills", Education*, New York: Routledge, 1991.

John W. Dimmick, *Media Competition and Coexistense: The Theory of the Niche*, New York: Routledge, 2003.

Katashi Nagao, *Artificial Intelligence Accelerates Human Learning: Discussion Data Analytics*, Singapore: Springer, 2019.

Keegan, Desmond, *The Study of Distance Education: Terminology, Definition and the Field of Study*, Frankfurt am Main, New York: P. Lang, 1991.

Kenneth C. Creech, *Electronic Media Law and Regulation*, New York: Routledge, 2013.

Robert Watson, *Film and Television In Education: An Aesthetic Approach To the Moving Image*, London: Routledge, 1990.

Shalom M. Fisch, *Children's Learning From Educational Television: Sesame Street and Beyond*, New York: Routledge, 2004.

World Conference of ICDE, David Sewart, *One World, Many Voices: Quality in Open and Distance Learning: Selected Papers from the 17th World Conference of the International Council for Distance Education*, Birmingham, United Kingdom, June 1995, Oslo, Norway: International Council for Distance Education, 1995.

六　英文网络文献

Klein A., "What Every Educator Needs to Know About Artificial Intelligence", Education Week, 2019, https://www.edweek.org/technology/what-every-educator-needs-to-know-about-artificial-intelligence/2019/07.

Nando Malmelin, Mikko Villi, "Media work in change: Understanding the role of media professionals in times of digital transformation and convergence", Social Compass, Vol. 11, No. 7, July 2017, https://doi.org/10.1111/soc4.12494.

R. Phipps, Jamie P. Merisotis, "Quality on the Line: Benchmarks for Success in Internet-Based Distance Education", 2000, https://api.semanticscholar.org/CorpusID: 107613129.

V. Venkatesh, Michael G. Morris, "Why Don't Men Ever Stop to Ask For Directions? Gender, Social Influence, and Their Role in Technology Acceptance and Usage Behavior", WGSRN: Gender Equality, 2000, https://api.semanticscholar.org/CorpusID: 21028777.

附　　录

教育电视使用情况调查问卷

您好！我们是由四川外国语大学新闻传播学院师生组成的受众抽样调查组。为了了解教育电视创新发展相关情况，我们组织了这次调查。占用了您及家人的宝贵时间，您的资料和本问卷将严格保密，我们全体工作人员向您及您的家人致以最诚挚的谢意！

一　基本情况

1. 您的性别是（　　）

    ①男　　②女

2. 请问您的年龄是（　　）

    ①18 岁以下　②18—29 岁　③30—39 岁　④40—49 岁

    ⑤50—59 岁　⑥60 岁及以上

3. 请问您的职业是（　　）

    ①农业劳动者　　　②企业职工（包括乡镇企业等）

    ③党政机关工作者　④农民工

    ⑤个体经营户　　　⑥在校学生

    ⑦企业管理者　　　⑨其他（请写明具体职业）

4. 您的文化程度是（　　）

　　①小学及小学以下　②初中　　③高中/中专

　　④大专　　　　　　⑤本科　　⑥研究生及以上

5. 您家人的最高文化程度是（　　）

　　①小学及小学以下　②初中　　③高中/中专

　　④大专　　　　　　⑤本科　　⑥研究生及以上

6. 您的平均月收入为（　　）

　　①2000元以下　　　②2000—5000元

　　③5001—8000元　　 ④8001—10000元

　　⑤10000元以上

7. 您的长期居住地是（　　）

　　①城市　　　②农村　　　③乡镇

8. 您平时获得信息的渠道主要是（　　）

　　①他人告知　②报刊杂志　　　③广播或电视

　　④网络　　　⑤手机或平板电脑　⑥其他

二　教育电视使用情况

9. 您对教育电视的了解程度是（　　）

　　①听说过，且非常了解

　　②听说过，比较了解

　　③听说过，但了解很少

　　④没听说过，完全不了解

　　⑤没兴趣了解

10. 您对教育电视的感兴趣程度是（　　）

　　①非常感兴趣

　　②比较感兴趣

③比较不感兴趣

④非常不感兴趣

11. 您自身对教育电视的接受程度是（　　）

①会基本操作

②听说过，能接受

③只听说过

④一点都不懂

12. 您认为教育电视的作用是（　　）

①学习方便快捷

②互动功能强

③学习效率高

④作业可即时批改

⑤成绩提升快

13. 您认为教育电视有什么价值（　　）

①教育电视用于政治宣传

②普及科学文化知识

③提高国民素质

④辅助学校教育

14. 您平时收看教育电视的频率是（　　）

①经常收看

②偶尔收看

③很少看

④从未看过

15. 您认为教育电视在远程教育中的作用是（　　）

①非常有效

②比较有效

③效果一般

④效果不好

⑤效果很差

16. 您认为教育电视的节目编排怎么样（　　）

　　①非常合理

　　②比较合理

　　③一般合理

　　④不太合理

　　⑤很不合理

17. 您认为教育电视需要改进的地方是（　　）

　　①节目质量

　　②服务态度

　　③节目编排

　　④反馈渠道

　　⑤其他_____

18. 您访问教育电视台网站的频率是（　　）

　　①经常访问

　　②偶尔访问

　　③很少访问

　　④从未访问

19. 您对教育电视台网站的使用体验是（　　）

　　①非常好

　　②比较好

　　③一般

　　④不太好

　　⑤非常不好

20. 您平时选择什么远程教育平台（　　）

①教育电视台　②网课　③视频网站　④学校远程授课

⑤其他_____

21. 您认为教育电视适用于哪类人群（请填写）：

22. 您认为教育电视的节目内容如何（请简要说明）：